잘 풀리는 사람의 좋은 습관

잘 풀리는 사람의 좋은 습관

삶의 태도를 바꾸면 인생이 바뀐다　　이연우 지음

레몬북스
lemon books

필사적으로 숨 쉬기

"이 책을 읽고 성공하십시오"라고 말하면 당신은 화를 낼 것이다. 지금 우리나라 사람들에게 ADD증후군After Downsizing Desertifica-tion syndrome이 나타나고 있기 때문이다.

희망도, 정서도, 에너지도, 신뢰도, 미래에 대한 희망도 없는 정신적 황폐 상태라는 것이다. 자신만의 세계에 빠져 남들과 커뮤니케이션을 못하는 사람처럼, 다른 사람의 눈을 똑바로 보지 못하고 관계를 맺지 못하기 때문에, 술을 마시고 흠뻑 취하고 나서야 비로소 마음의 문을 열거나 다른 사람과 얘기를 나누는 심각한 탈진 현상을 보이고 있다.

사람들은 누구나 성공할 수 있는 비결을 알고 싶어 한다. 그러나 사실 그걸 찾아 헤맬 필요가 없다. 왜냐하면 당신은 이미 그 비결을 알고 있기 때문이다.

아주 조그만 일이라도 전력을 기울이고, 자기가 할 수 있는 일을 열심히, 그리고 꾸준히 해나가면 성공할 수 있다.

당신이 지극히 평범한 진리를 그렇게 실천할 수 있는 인간형이라면 이 책을 읽을 필요가 없다.

그렇다고 이 책에서 새로운 것을 찾으려고 하지도 말아라.

이 책은 당신이 이미 알고 있는 그 진리를 실천에 옮길 수 있도록 용기를 주고, 실패했을 때에도 '할 수 있다'라는 신념을 갖고 재도전할 수 있도록 도와주는 인생 참고서일 뿐이다.

무의미하게 살기에는 인생이 너무 짧다. 단 한 번뿐인 인생에서 주인공인 당신의 삶을 성공으로 이끌 수 있도록 신중하게, 그리고 과감하게 성공 각본을 써보지 않겠는가!

"선생님! 저는 정말 많은 것을 배우고 싶습니다."

"그래? 열심히만 하면 뭐든지 배울 수 있지."

"그런데 무슨 비법이나 지름길은 없습니까? 선생님을 뵈면 뭔가 비법이 있을 것 같은데요."

"그런가? 음, 비법이 있다면 있지."

"그렇죠, 비법이 있으시죠? 저한테 좀 가르쳐주십시오, 선생님!"

"정말 알고 싶은가?"

"그럼요! 제발 가르쳐주세요."

그러자 선생님은 제자를 데리고 바닷가로 갔다. 그러고는 제자를 꼼짝 못하게 붙잡더니 제자의 머리를 차가운 바닷물 속에 처박았다. 제자는 필사적으로 버둥거렸다.

잠시 후 선생님이 제자의 머리를 놓아주자, 제자는 공포에 질린 얼굴로 숨을 헐떡거렸다.

"자네, 물속에 머리가 처박혀 있는 동안 무슨 생각을 했는가?"

"아무 생각 없었습니다. 오직 숨만 쉬고 싶었습니다."

"그렇지. 배우는 것도 그렇게 갈망하게. 그럼 반드시 자네가 원하는 지식을 얻을 수 있을 걸세. 그게 내 비법이네."

소크라테스와 어느 제자의 일화이다.

이 책은 그야말로 가장 근본적이고 현실적인 삶의 지혜를 모은 것이다. 격식을 갖춘 이론서라기보다는 풍부하고 진지한 사례들을 통해 당신에게 '삶의 조언'을 해주고자 하는 마음이다.

모쪼록 이 책을 꼼꼼히 읽고, 당신의 변화된 모습을 보여주길 바란다.

c o n t e n t s

Part 3 • 좋은 습관 내 행동을 바꾼다

Part 4 • 좋은 습관 내 삶을 바꾼다

Supplemant • 좋은 습관 트레이닝

Part 1

좋은 습관
내 생각을 바꾼다

행운을 끌어오라

마케팅 전문가 A가 어느 화장품 회사에서 강연을 한 적이 있었다. 사실, 그는 핀치 히터였다. 강연이 예정되어 있던 강사가 갑자기 병으로 몸져 누워 A에게 요청이 온 것이었다.

그곳에는 화장품 판매점의 주인들이 약 50명 정도 모여 있었다. 그 앞에서 A는 무려 다섯 시간 동안 강연을 하였다. 말이 그렇지, 다섯 시간 동안 강연을 하기란 정말로 힘든 일이었다. 첫 경험이었으므로 '머리가 돌 정도'라고 표현한다면 좀 과장되게 들릴지 모르지만 그때의 긴장감이란 정말 대단한 것이었다.

A는 그로부터 20여 년이 넘도록 강연 활동을 해오고 있으며 지금은 강연이 완전히 본업이 되어버렸다. 덕분에 그는 매일매일 훌륭한 재산을 얻고 있다. 바로 전국 각지의 다양한 사람과의 '만

남'이라는 재산이다. A는 세상에는 실로 갖가지의 형태로 살아가는 사람들이 있으며, '나 이외에는 모두가 스승'이라는 격언을 새삼 실감한다고 말했다.

최근에 내가 새롭게 발견한 것이 있는데, 그것은 '부富'에 대한 것이다. 요컨대 세상에는 '어떤 일을 해도 돈을 버는 사람'과 '무슨 일을 하든 돈을 벌지 못하는 사람'이 있다는 것이다. '운이 좋은 사람'과 '운이 나쁜 사람'이 있다고 바꾸어 말해도 좋을 것이다. 그리고 이 양자를 나누는 결정적인 열쇠를 느끼게 되었다.

그 열쇠란 도대체 무엇일까?

극단적으로 말하자면 '인격'이다. 그리고 그 사람의 인격의 저변에 흐르고 있는 '기량'의 크기와 '자신감'의 차이이다.

사람은 자신의 '그릇'의 크기 이상으로는 크지 못한다는 말이 있다. 다시 말해, 돈을 버는가 못 버는가 혹은 성공하는가 성공하지 못하는가를 결정짓는 열쇠는 그 사람의 '그릇'의 크기이다. 또한 그 사람의 '자신감'도 승패를 좌우하는 커다란 요인이다.

마음속에서 나약하게 그려진 계획은 마치 플러그가 빠져 가동되지 못하는 엔진과 다를 바 없다. 그릇이 작은 사람은 언제나 플러그가 뽑혀 있다. 그렇기 때문에 희망과 자신감이 없는 것이다.

커다란 부를 이루었거나 성공한 사람들은 예외없이 그릇이 큰 사람들이다. 우선 매사에 사고방식과 표현이 밝은 것이 특징이며 어떤 일에든 적극적이다. '이렇게 하는 것이 더 좋지 않을까' 하고 끊임없이 생각하며 그것을 실천에 옮긴다.

　성공한 사람들의 가장 큰 특징은 무모하다 싶을 정도로 '강한 확신'에 있다. 다시 말해, '아마 괜찮아지겠지'가 아니라 '틀림없이 잘될 거야' 하고 확신하는 것이다.

　이렇게 함으로써 자신이 바라는 행운을 불러들일 수 있는 것이다.

레드선, 긍정적인 자기 암시

골프에 워터해저드water hazard라는 용어가 있다. 골프 코스의 안에 호수나 연못, 습지, 강 따위의 물이 있는 장애 지역을 칭하는 말이다.

눈앞에 워터해저드가 있으면 아무래도 신경이 쓰여 '저기에 들어가면 안 된다'라는 생각이 머리를 스친다. 그런 생각을 하면서 샷을 하면 이상하게도 볼은 거기에 빠져버리고 만다.

이것은 '연못에 들어가면 곤란한데'라고 생각하는 것과 동시에 '어쩌면 빠져버릴지도 몰라'라는 불안이 작용하기 때문이다. 그러므로 '어쩌면' 하고 걱정한 대로 볼이 빠지는 것이다. 이런 것을 두세 번 되풀이하다 보면 워터해저드가 있을 때마다 주눅이 들게 된다.

이와 마찬가지로 마음 한구석에서 '어쩌면 잘 안 될지도 몰라' 하고 생각하면서 한 일은 '어쩌면'의 결과를 초래한다. 결과는 보나마나 '잘 안 되는 것'이다.

그것과는 상반되게 '반드시 잘될 것이다. 부자가 될 거야' 하고 확신을 갖고 한 일은 그대로 실현된다. 자기 자신이 '자기 암시'에 지배당하기 때문이다.

여기서 잠시 자기 암시에 대해 생각해보자. 옛부터 전해 내려오는 것으로 더불어 같이 먹으면 안 되는 '상극'의 음식이 있다. 예를 들자면, '수박과 튀김'은 상극이라 할 수 있으며, 또한 '매실과 장어'도 함께 먹으면 반드시 배탈이 난다고 한다. 그러나 이것은 의학적으로 근거가 없다. 즉, 암시에 의한 영향이라는 설說 쪽이 강한 것이다.

K는 어렸을 적에 튀김과 수박을 몇 번이나 함께 먹은 적이 있었다. 그러다가 고등학생 때 누군가에게 "튀김과 수박은 상극이라서 같이 먹으면 몸에 해롭다"라는 주의를 듣게 되었다. 그때까지만 해도 K는 상극이 되는 음식이 있다는 사실을 까마득히 모르고 있었다. 그러나 그 말을 들은 이후로 튀김과 수박을 함께 먹으면 K는 반드시 설사를 하게 되었다. 어른이 된 지금도 그것들을 보기만 해도 기분이 나빠진다고 했다.

이처럼 자기 암시의 힘이란 정말 대단하다.

'나는 천성적으로 몸이 약하다', '나는 마음이 약해서 그런 일은 못한다', '나는 사람들과 사귀는 데는 서툴러서……', '나는 아둔하니까……' 등등의 생각은 모두 마이너스적인 자기 암시이다.

이와 같은 나쁜 암시를 자신에게 줌으로써 정말로 그런 일을 야기시키고 현실이 되어버리는 것이다. 이것이 '마음의 법칙'이다. 따라서 자신에게 마이너스 암시가 아닌 플러스 암시를 주는 것이 중요하다.

사람은 괴로운 일을 당하면 쉽게 비관적인 견해 쪽으로 기울어 자포자기에 빠지는 사례가 많다. 이때 자신을 지킬 수 있는 것은 플러스적 사고를 갖는 일이다.

안 된다? 하면 된다

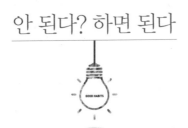

옛부터 '병은 마음에서 생긴다'고 하였다. 병을 만드는 제일 첫 번째 원인은 자신의 '마음가짐'이라는 의미이다. '불안 자체가 병은 아니다. 그러나 불안을 두려워하는 상태는 병이다'라는 말도 있듯이, 괴롭다든가 힘들다는 심정을 가슴에 품고 있으면 그것이 원인이 되어 더더욱 괴로움이 심해진다. 그리고 괴로움이 가중되면 산다는 것이 지겹게까지 느껴질 수 있다. 이처럼 우리의 마음가짐이란 대단히 중요하다.

괴로워하고 있는 사람을 향해 "그 괴로움을 일종의 수행으로 생각하라"고 충고하는 이가 있다. 괴롭더라도 꼭 참고 인내하라는 것이다.

우리는 '인내', '참음', '고진감래'라는 말을 자주 사용한다. 예를 들면, 사업이 막다른 궁지에 몰린 경영자가 그 괴로움을 견뎌내기 위해 참선 등의 수행으로 자신과의 싸움에 대응하는 것 등이 그것이다.

그런 인내의 수행이 나쁘다는 것은 아니다. 나도 그런 수행의 경험이 있다. '수행 비슷한 것'이라는 표현이 적당할지도 모르겠다. 왜냐하면 내 경우는, 그 수행 자체가 나 자신의 정신을 더욱더 괴롭히기만 했기 때문이다. 지금의 고통에서 벗어나기 위해 또 다른 고통을 맛보는 것 같았다. 그것은 또한 홧김에 술을 들이켜는 것처럼 나를 더더욱 헤어나기 힘든 암울한 상태에 빠지게 했다. '고통을 고통으로 여기지 말라'라는 그 깊고 심오한 경지에 끝내 도달하지 못한 것이다.

지금 여기서 내가 강조하고 싶은 것은, '고통을 고통으로 여기지 말라'는 것이다. 고통스럽다고 생각하지 않는다면 현실에서 도주하려고도 하지 않게 된다. 참선 등의 어떠한 수행도 필요치 않다. '고통스럽다'라는 마이너스 사고를 '고통스럽지 않다'라는 플러스 사고로 바꾼다면 불필요한 고통을 체험하지 않아도 된다. 현실이 제아무리 괴롭더라도 마음까지 괴로워할 필요는 없다고 생각한다.

고통스러운데 고통스럽지 않다고 생각하라는 것이므로 정말 엉뚱하기 짝이 없는 이야기처럼 들릴지 모른다. 내 의견에 반론하는 사람도 있을 것이다. 하지만 괴로울 때라도 매사를 비관적으로 볼 필요는 없다는 것이 내 생각이다.

★

좋은 일이라면 기뻐하라.
그러나 만약 그것이 나쁜 일이라면 되새기지 말라.

이 말은 나쁜 일을 굳이 되새길 필요는 없다는 의미이다. '하
면 된다'는 식의 긍정적이고 낙관적인 마음가짐으로 인생을 살아
가라고 가르치고 있다.

오랜 세월에 걸쳐 깊이 몸에 밴 나쁜 습관을 바로잡는 데에는
신체의 병을 치료하는 것보다 더 많은 인내가 필요하다. 그것은
일시적이 아닌 필사적인 노력이 요구된다.

자신의 약점을 도려내라

"완전히 운이 없었어", "오늘은 정말 운이 나쁜 날이야", "난 어째서 이렇게 재수가 없을까" 하며 항상 투덜대는 사람이 있다. 정말로 운이 좋고 나쁨은 있다고 생각한다. 그러나 운이 나쁜 것은 자기 자신에게 문제가 있기 때문은 아닐까.

듀크대학교의 심리학자 J. B. 라인 박사는 "당신이 받아들이는 운은 당신 스스로 결정짓는 것이다"라고 말했다. 우리는 모두 스스로가 자신의 운명을 만들고 있다는 의미이다.

사람이라면 누구를 불문하고 불운을 바랄 리 없다. 이것은 지극히 당연한 일이다. 자, 그럼 이제부터 어떻게 해서 당신 스스로가 불운을 불러들이고 있는지 살펴보자.

우리가 의식적으로는 나쁜 운을 바라지 않는다는 것은 두말할 나위도 없다. 그런데 잘못된 생각이나 행동을 통해 무의식적으로 '불운'을 불러들이는 일이 종종 있다.

라인 박사의 말을 음미해보기 바란다. 다시 한 번 강조하자면, 행운이나 불운은 스스로 결정짓는 것이다. 이렇게 되면 행운을 불러들이기 위해서는 어떻게 하는 것이 좋을지 명백해진다.

우선 어떤 일을 착수할 때 나쁜 결과를 상상하지 말아야 한다. 요컨대 운이 나빠서 생길 결과를 마음속에 그리지 말라는 것이다. 보기 좋게 부를 이뤄 당당해진 모습을 마음속에 그리는 것이 중요하다. 현실적으로는 썩 좋지 못한 상황이더라도 '이것은 나를 위해 좋은 일이 벌어질 징조이다'라고 믿고 대응하라. 어떠한 경우라도 결단코 '불운'이라고 인정해버려서는 안 된다.

그리고 더욱 중요한 것이 있다. 바로 '행동'이다. 행운을 불러들이기 위해서는 최선을 다해 행동으로 옮기는 것이 중요하다. 뜻을 세워 일을 시작했다면 한두 번의 실패로 체념해서는 안 된다. 이 세상은 항상 변화하고 있다. 한 번 실패하여 목적 달성을 이루지 못했더라도 거기에 굴하지 않고 끈기 있게 노력하는 것이 무엇보다 중요하다. 그러는 사이에 언젠가는 그러한 끈기 있는 정열이 일을 유리하게 전환시켜줄 것이다.

우리가 보통 말하는 '실패'란 어떤 것일까? 그것은 부를 쌓기 전에 혹은 성공하기 전에 단념해버리는, 즉 쉽게 포기해버리는 습관이다. '부자가 될 때까지 계속하면 부자가 된다'라는 말을 가슴에 새겨두기 바란다.

실패는 성공의 교과서

'지금까지의 인생에서 한 번도 실패해본 적이 없다'는 사람은 이 세상에 없을 것이다. 실패는 부수적인 불청객이므로 우리가 무엇을 하고자 할 때에는 그것을 사전에 각오해야 한다.

소극적인 사람은 어떤 실패를 경험하고 나면 '난 실패했어' 하는 심정에만 강하게 사로잡혀 더욱더 소극적으로 되어버리는 경우가 많다. 그러한 실패 체험을 그대로 남겨두지 말아야 한다. 다음의 이야기가 실패 체험을 타파하는 데 도움이 될 것이다.

프로야구 감독을 지냈던 K 감독은 선수 시절에 명선수였을 뿐만 아니라 감독으로도 명성이 높았다. 그는 지금 각 기업체에 강사로 불려다니느라 눈코 뜰 새 없이 바쁜데, 그의 강의가 명강의로 소문이 자자하기 때문이다.

- 어느 팀의 실력이 대단한지 아닌지의 차이는 그 팀의 승리에 대한 집착심의 차이와 같다.
- 아무리 강한 팀이라도 반드시 굴곡이 있기 때문에 때로는 슬럼프에 빠진다. 하지만 승리에 강한 집착을 항상 갖고 있는 팀은 바로 그럴 때 약팀과의 차이를 확실하게 드러낸다.
- 이미 대세가 정해진 것처럼 보이는 시합에서도 단념하지 않는다. 매회마다 선두타자는 '무슨 일이 있어도 출루한다'라는 기백으로 타석에 들어선다. 상대 투수에게 아웃을 당하더라도 그로 하여금 한 구라도 더 던지게 하여 구원투수를 이끌어낸다. 이러한 집념이 역전을 낳게 하는 것이다. 또한 이것은 내일의 승리와도 연결된다.
- 잠시 해이해지면 안이한 쪽으로 흘러가려는 분위기가 조성된다. 그러므로 선수들의 적극적인 자세가 흐트러지지 않도록 항상 신경을 써야 한다. 그것이 감독의 책무이다.

그의 말은 야구뿐만 아니라 우리의 일상생활에도 많은 참고가 될 것이다. 그는 '실패'에 대해 다음과 같이 말했다.

"자기가 해야 할 일을 알고 있으면서도 그것을 태만히 하는 선수가 있을 때 나는 그 선수를 호되게 혼낸다. 그러나 아직 가르쳐주지 못한 것으로 인해 실패한 경우는 그렇지 않다. 더욱더 연습에 전념할 수 있도록 도와준다."

그는 그럴 때 선수에게 이렇게 주의를 준다고 했다.

"이미 실패한 건 어쩔 수 없는 거야. 누구나 실패할 수 있는 거니까. 하지만 오늘 시합에서 자네의 실수는 좀 더 연습했다면 막을 수 있었던 것이라네."

그리고 그 후에는 반드시 선수의 연습 자세를 체크하여 그가 진심으로 열심히 훈련에 임하고 있는지를 확인한다고 했다. 그의 태도가 진지하다면 '특수훈련'을 시키는데, 특수훈련은 어디까지나 본인의 의욕이 전제되어야 한다고 했다. 그리하여 갖가지 실패를 거듭해나가는 동안 '이번에는 잘할 수 있을 거야' 하는 적극성이 생겨나게 된다.

실패는 진보의 원천이다. '실패는 성공의 어머니'라는 말을 자신의 경험으로 살리기 바란다.

과감하게 맺고 끊어라

수영을 배울 때 겁을 내며 발을 바닥에 계속 붙이고 있으면 언제까지나 물에 뜰 수 없다. 마음을 강하게 먹고 발을 떼야만 물에 뜰 수 있으며 또한 원하는 방향으로 나아갈 수 있다.

우유부단한 사람은 이것을 항상 가슴에 새겨둘 필요가 있다. 우유부단한 사람은 실패를 두려워하여 언제까지나 발을 떼려고 하지 않는다. 다시 말해, 좀처럼 '결단'을 내리지 못하는 것이다.

괴테는 "이 세상에서 가장 불행한 자는 우유부단한 인간이다" 라고 하였다. 이는 '어떤 행동을 개시하여 실패하는 것보다도 자신의 우유부단한 습관 쪽을 두려워하라'고 가르치고 있다. 즉, '실패를 두려워 말라'는 단언이다.

저러지도 못하고 이러지도 못한다는 것은 어느 한쪽도 버리려고 하지 않기 때문에 결국 결단을 내리지 못한다는 것이다.

결단이란 어느 쪽이든 간에 한쪽을 버리려는 단호한 마음의 결심이다. 즉, '두 마리의 토끼를 좇다가 한 마리도 못 잡는다'라는 속담과 맥이 통한다.

결단이 빠른 사람은 일단 결심했으면 그것을 최선으로 여기고 즉시 행동으로 옮긴다. 그것이 잘될 것이라 확신하며 온 정열을 모아 전진하는 것이다.

그러나 이처럼 결단력이 있는 사람도 언제까지나 한 가지 일에만 매달리고 있지는 않다. 다음 순간 '걸음'을 옮김으로써 그 일에서 다음 일로 마음을 돌리는 것이다.

우리에게 주어진 시간은 무한한 것이 아니다. 그 속에서 수많은 일을 이루어가기 위해서는 어떤 비결이 있어야 한다. 그 비결이 바로 '결단'이다.

이러지도 못하고 저러지도 못하는 무의미한 우왕좌왕은 자신의 인생에 걸림돌이 될 뿐만 아니라 소중한 인생을 낭비하는 결과를 초래한다. 단 한 번뿐인 인생인데…….

우유부단함은 주위 사람들에게 그 불쾌한 분위기를 감염시키기도 한다. 그런 사람을 상사로 모시고 있으면 직장의 공기가 밝을 리 없다. 가정에서도 마찬가지다.

'만약 실패하면 어쩌나?' 하는 불확실한 말을 가능한 한 사용하지 않았으면 한다. 스스로 곰곰이 생각하여 결단을 내린 이상 '그 일이 과연 잘될까?' 하는 식의 의심이나 불안을 가져서는 안 된다.

　그리고 자신의 배후에 '피할 길'은 없다고 생각하는 것이 중요하다. 피할 길을 만들어두고 실패하면 거기로 도망간다는 식의 생각은 잘못된 것이다. 피할 길을 만들어둔다는 것은 이미 실패를 예상하고 있다는 의미이기 때문이다.

긍정적 생각의 힘

　노벨물리학상을 받은 한 학자의 대담 기사를 읽은 적이 있다. 주제는 '목표 달성', 대담 내용은 한국인과 미국인의 사고방식 차이였다.

　미국인은 목표의 80퍼센트를 달성하면 '아주 좋다!'고 평가한다. 60퍼센트 정도면 '좋다!', 20~30퍼센트 정도라면 '그저 그렇다'라고 평가하지만 'OK'라고 한다. 그런데 한국인의 경우는 80퍼센트가 잘되었어도 '그저 그렇다'라고 평가한다. 또한 60퍼센트 정도면 '반성의 여지가 다분히 있다'라고 평가하여 목표를 100퍼센트 달성하지 않은 섯을 책망한다고 그는 지적하고 있다.

　그리고 보면 한국인에게는 '완벽주의'라는 특성이 있는 것 같다. 잘 실행하지 못한 부분에는 엄한 질책의 눈길이 돌아온다. 물론, 그런 엄격함이 오늘날의 한국 경제를 구축한 것이라고 본다면 완벽주의를 긍정적이지 못하다고 몰아세울 수만은 없다.

그러나 그와는 반대의 견해도 부정할 수 없다. 그것은 '실패'의 부분에 눈을 돌리지 않는 플러스적 사고로, '잘 성취된' 부분에 눈을 돌리는 미국식 사고방식을 긍정하는 것이다.

매사에 '잘 성취된 부분', '좋은 부분'에 눈을 돌린다는 것은 안 되는 일을 가지고 끙끙거리지 않는다는 것이다. 잘 풀리지 않는 마이너스 면에 사로잡혀 걱정만 한다면 언제까지나 적극적인 사고를 갖기가 어렵다. 그렇다고 마이너스 면에는 눈을 감아버리라는 것이 아니다. 실패는 실패로 인정하고 냉정하게 대응할 필요가 있다.

하지만 거기에 사로잡혀 실패에만 연연한다면 그것이야말로 마이너스다. 그것은 심리적으로 '백해무익'하기 때문이다.

전적으로 실패한 사안이더라도 그 속에서 플러스 면에 눈을 돌리는 습관이 중요하다. '50퍼센트는 실패했지만 나머지 50퍼센트는 잘되었다'라고 플러스적인 사고를 하는 것이다. '무의미한 적극'보다는 '의미 있는 소극' 쪽이 더 적극적인 태도일 수 있기 때문이다. 매사에 플러스 면에 눈을 돌림으로써 적극적인 새로운 출발을 할 수 있을 것이다.

플러스 사고형으로 자신을 길러라. 긍정적 사고가 사람의 인생을 바꾼다.

매사 반성하는 자세가 필요하다

'부는 또다른 부를 가져온다'라는 말이 있다. 이 말은 '어떤 하나의 일에서 돈을 벌면 그 체험이 자신감으로 변하여 다음 일에서도 돈을 벌게 된다'는 의미이다.

목표를 달성하기 위해서는 한 걸음 한 걸음 착실하게 전진하는 것이 중요하다. 갑자기 큰일을 이루고자 하면 대부분 실패하고 만다.

그렇게 큰일이 아니라도 좋으니 우선 눈앞의 목표를 달성하여 성공 체험의 자신감을 얻고 난 후 앞으로 나아가는 것이 현명한 방법이다.

눈앞의 목표를 달성하게 되면 마음은 더 큰 목표를 계획하게 된다. 그렇기 때문에 설령 다음의 목표가 다소 힘들더라도 성공의 확률은 높다. 왜냐하면 '전에도 힘껏 최선을 다했더니 성공했었다. 그 정도의 일도 잘 해냈으니까 이번에도 틀림없이 성공할 거야' 하고 적극적으로 생각하기 때문이다. 지난번의 성공 체험이 다음의 목표를 달성하게 하는 에너지가 되는 셈이다.

이와는 반대로 처음부터 커다란 목표에 도전하여 실패감만 맛보는 사람이 있다. 이런 식으로 나간다면 성공 체험은커녕 실패 체험만 맛보게 된다. 즉, '실패는 다음 실패를 가져온다'라는 법칙이 만들어지는 것이다. 그런 일이 없도록 우선 실현 가능한 목표부터 도전해보는 것이 좋다.

이쯤에서 '실패의 의의'에 대해 생각해보자.

'실패는 성공의 어머니'라는 교훈이 있다.

지금까지 '성공'에 대해 언급해왔는데 '성공'이란 어떤 일의 결과라고 할 수 있다. 사실, 성공할 때까지의 과정에는 작은 '실패'가 여러 가지 있었을 것이다.

그렇다면 실패했을 경우, 그 실패를 어떻게 활용할 수 있을까? 이때 남의 탓으로만 돌린다면 결코 좋은 결과를 얻을 수 없다. '이번 실패는 내 방식이 잘못되었기 때문이다'라고 생각한다면 여러 각도에서 반성을 할 기회가 주어진다. 그러므로 다시 똑같은 실패를 저지르지는 않을 것이다.

이와 같이 '실패의 원인이 나에게 있다'고 받아들이면 실패의 원인을 없애기 위하여 열심히 노력하게 된다. 그 때문에 다음번에는 더 나은 결과를 초래함으로써 '실패는 성공의 어머니'라는 말을 실감하게 된다.

진정한 성공을 위한 가장 중요한 포인트는 뭐니 뭐니 해도 '실패의 원인은 나에게 있다'고 생각하며 그 원인을 찾는 것이다. 실패의 원인을 찾는 동안 스스로 잘못된 점을 발견하게 되고, 그로 인해 반성할 기회를 갖게 되기 때문이다.

매사를 반성하는 자세로 임하면 똑같은 실패를 거듭하지는 않을 것이다.

어떤 사람이든 한 번도 실패를 경험하지 않은 사람은 없다. 우리가 무엇을 하고자 할 때 실패는 부수적으로 따라붙는 불청객이다. 그러므로 그 감정에 사로잡히지 않도록 해야 한다.

성취감이라는 이름의 성공 체험

내가 아는 사람 중에 전직 복서가 있다. 그는 지금 체육관을 경영하고 있다. 그와 이야기하다 보면 복싱의 세계가 어렴풋하게 나마 눈에 보이는 듯하다.

그의 이야기 중에 내가 '과연 그렇구나' 하고 탄복한 말이 있다. 그것은 '강한 선수로 키우기 위한 비결'이다.

그에 따르면, 어느 정도 연습을 시켜보면 어떤 선수가 유망한 가를 알게 된다고 한다. 그렇게 주목한 유망주는 특별한 훈련을 시켜 키운다고 한다.

그가 말한 강한 선수로 키우기 위한 비결에 대해 말해보겠다.

유망한 선수에게는 '실패 체험'을 맛보지 않게 하는 것이 최대의 포인트다. 무슨 일에서건 '질 것 같다'라든가 '자신이 없다'는 등의 실패 체험과 연관되는 감정을 품지 않도록 하는 것이 무엇보다 중요하다.

그러므로 우선 처음 한동안은 그 선수가 능히 이길 수 있는 상대와만 대전을 시켜 '성공 체험'을 쌓게 한다. 그리고 서서히 강한 상대와 대전시켜 이기게 하는 것이다.

이런 승리감을 맛보면서 기술 수준을 끌어올리도록 꾀하는 것이 비결이라고 그는 말하였다. 그러한 자신감이 커다란 파워를 낳기 때문이라는 것이다.

이 원리는 우리의 일상생활에도 적용되는 것이라 생각한다.

무슨 일이든 목표를 달성하기 위해서는 한 걸음 한 걸음 노력을 거듭해나갈 필요가 있다. 그리고 그 스텝 속에서 '성공 체험'을 맛보며 전진하는 것이 중요하다. 작은 성공 체험을 거듭하다 보면 그것이 마침내 커다란 자신감으로 변모해 자신 있게 일을 밀고 나아갈 수 있는 추진력이 생기기 때문이다.

100미터 달리기의 우승자였던 칼 루이스는 "스타트 시점에서부터 골인 지점을 상상하였다. 테이프를 끊고 첫 번째로 골인하는 내 모습을 그려보는 순간 이상하게 자신이 생겼다"고 자신의 이미지 성공법을 설명했다.

인간의 육체적 체력은 30세 전후가 정점이고 기력은 40세 정도가 최대라고 한다. 물론 개인 차이는 있지만 일반적으로 40세를 지나면 기력은 점차 떨어진다.

그런데 40세를 훨씬 지난 사람들이 기력이 정정한 것을 자주 볼 수 있다. 그들은 젊은이들에게 뒤지지 않을 만큼 정력적으로 활동하고 원기왕성하게 일도 잘 처리한다.

이것은 대체 어떤 연유에서일까? 체력도 기력도 쇠약해 있어야 할 중년들이 원기왕성하게 일을 수행하고 있는 이유는 과연 어떤 힘 때문일까?

그것은 '경험의 힘'이다. 지금까지 살아온 그 사람의 '인생 경험'이 기력의 쇠퇴를 막아준 것이다. 이러한 경험의 힘이 있기 때문에 오히려 젊은이들보다 기력의 파워가 있다는 것이다.

좋은 생각, 기쁜 표정

웃는 집안에 복이 찾아온다, 즉 '소문만복래'라는 말이 있다. 정말 명언이 아닐 수 없다.

명랑한 웃음은 자연이 인간에게 부여한 최고의 강장제라고도 할 수 있다. 명랑하게 소리를 내어 웃으면 생리작용이 금세 활발해지므로 혈액순환이 순조로워지며 백혈구의 식균작용이 증가한다고 한다. 자연치유 능력이 왕성해지는 것이다. 그러므로 언제나 밝게 웃는 사람은 건강하게 마련이다.

최고가 되려면 반드시 유머와 센스를 지녀야 한다.

공감이 가는 말이다.

현명한 상사는 일하는 틈틈이 농담을 던져서 부하들에게 활기를 불어넣어줄 수 있어야 한다. 유머는 직장 분위기를 부드럽게 만들 뿐만 아니라, 사람과 사람 사이의 거리를 좁히는 유력한 수단이기 때문이다.

유능한 교사는 수업하는 틈틈이 유머를 적당하게 넣어 학생들을 즐겁게 해주면서 효과적으로 수업을 진행시킨다. 재치 있는 유머, 악의 없는 농담, 명랑한 웃음……. 이것들은 자연이 인간에게 부여한 최고의 약이라 생각한다.

'웃음'은 본인에게만 도움이 되는 것이 아니라 주변 사람들에게도 좋은 영향을 끼친다.

예를 들어, 동료들이 직장에서의 단조로운 업무에 싫증을 내고 있다고 하자. 모두 묵묵히 책상 앞에 앉아 있는데 그때 누군가가 유쾌한 농담을 던져준다면 모두 웃음을 터뜨리고 일시에 사무실 분위기가 밝아질 것이다. 그뿐만 아니라 '아, 재미있군' 하며 기분을 전환한 후 다시 생기 있게 일에 전념하게 될 것이다.

일 처리는 잘하는데 그다지 빛을 보지 못하는 사람이 흔히 있다. 이런 사람은 대부분 융통성이 없고 고지식하다. 즉, 사고방식이 완고하거나 부정적이다. 유머 센스가 없기 때문에 명랑한 농담을 건네지도, 받아들이지도 못한다. 이런 사람들이 유쾌하게 웃는 일 따위는 좀처럼 보기 힘들다.

인간은 일만 하는 기계가 아니다. 인간에게는 그 사람 특유의 분위기가 있는데, 그 분위기가 우울하다거나 완벽해 접근하기 어렵다면 주변 사람들도 감히 가까이하기를 꺼리게 된다.

이런 상태에서는 일이 잘되어갈 리 없다. 그 때문에 부정적이고 융통성 없는 사람은 빛을 보지 못하는 것이다.

임어당은 이렇게 말했다.

유머의 중요성을 잊어서는 안 된다.
유머 센스는 우리의 문화생활의 내용과 성질을 바꾼다.
현대인은 너무 심각하게 생활에 대해서만 생각한다.

사물을 신중하게 생각하는 자세를 잊어서는 안 되겠지만 직장의 일상적인 대화가 시종 심각하다면 어깨가 무거워져서 쉽게 피곤함을 느낄 것이다.

동료나 상사에게 기분 상하는 말을 듣게 되더라도 때로는 그것을 가볍게 흘려버리거나 유머로 대처하는 마음의 여유가 필요하다.

웃음으로 밀고 나아갈 때 어둠이나 우울함 따위는 쉽게 정복될 것이다. 언제나 목젖이 보이도록 유쾌하게 웃을 수 있는 사람은 행복하다.

다사로운 햇살이 내리는 곳에 사람들이 모여들듯 밝고 명랑한 사람 주변에 사람들이 몰려들게 되어 있다.

내 인생에 '단념'은 없다

"야구나 테니스를 시켜보면 잘 알 수 있습니다. 요즘 아이들은 공을 열심히 쫓으려고 하지 않습니다. 도중에 그냥 단념해버리곤 하지요."

어느 중학교 선생님의 탄식이다. 학생들의 변명도 있다.

"어차피 잡지 못할 텐데 무리해서 쫓아가는 것은 체력만 소모할 뿐인걸요. 그러다 피곤해지면 밤에 학원 가서 존단 말예요."

듣고 보면 그 나름대로 이해가 될 것 같은 변명이다. 그들의 사고방식은 이와 같이 합리적이다. 그러나 그들은 대단히 잘못된 생각을 갖고 있다. 왜냐하면 그들의 이유는 "손을 씻으면 뭘 해? 어차피 또 더러워질 텐데"라는 것과 같은 이유이기 때문이다. "숨을 들이쉬면 뭘 해? 어차피 다시 내뱉을 거잖아"라는 사고방식과 비슷한 셈이다.

이 '어차피'라는 것은 대단히 위험한 생각이다. '어차피'라고 정해버리는 나쁜 습관은 추방하지 않으면 안 된다.

'어차피 안 될 것이 뻔해', '어차피 잘될 리가 없어', '어차피 거절당할 거야', '어차피 안 될 거라고 생각했던 일인걸 뭐' 등은 모두 마이너스 사고방식이다.

'어차피'라는 말을 입 밖에 내는 사람은 예외없이 모두 무기력한 자들뿐이다.

앞서 언급한 중학교 선생님의 이야기로 되돌아가자.

그 선생님과 학교 교정에 서서 이야기를 주고 받고 있었는데, 우리 앞으로 여자 농구부원들이 줄을 맞춰 달려갔다.

그 선수들은 모두 큰 소리로 "파이팅! 파이팅!" 하고 소리를 지르면서 뛰고 있었다. '어차피'에 비춰본다면 '파이팅!'이라는 소리는 헛된 에너지 낭비에 불과할 것이다. 소리를 지르지 않고 그냥 묵묵히 달리기만 하는 쪽이 더욱 합리적일 테니까. 소리를 지르면서 달리면 금방 피로를 느낄 것이다.

그러나 선생님의 말을 빌자면 그 '파이팅!'에는 커다란 의미가 있었다. 사실은 기운이 넘쳐나서 큰 소리를 지르는 것이 아니라는 것이다. 소리를 크게 지름으로써 기운이 난다고 한다.

온몸은 녹초가 되어 있더라도 소리를 크게 내지름으로써 기운차게 계속 질주할 수 있다는 것이 선생님의 지론이다. '파이팅!'이라는 함성은 그런 의미에서 결코 헛된 것이 아니다.

서커스단의 코끼리는 평상시에는 쇠사슬에 묶여 있다. 그것이 연결되어 있는 말뚝은 빈약한 것이다. 코끼리의 힘 정도라면 그런 말뚝은 간단하게 뽑아버릴 수 있다.

그러나 코끼리는 뽑으려고 하지 않는다. 어린 코끼리 시절부터 그렇게 묶여 있었기 때문이다. 어린 코끼리 시절에 힘껏 뽑아보려고 했지만 소용이 없었던 것이다. 그 때문에 거대한 몸집과 힘을 지닌 어른 코끼리가 된 지금도 '어차피 안 될 거야' 하고 체념한 채 그 말뚝을 뽑아볼 시도를 하지 않는 것이다.

당신은 코끼리 얘기에 지금 웃고 있는가? 당신은 서커스단의 코끼리보다는 현명한 사람인가?

곤란을 제압하라

'인간사 새옹지마'라는 유명한 고사성어가 있다. 잘 알고 있겠지만, 되새기는 의미에서 줄거리를 소개한다.

옛날 중국에 노인 새옹이 몹시도 애지중지하며 기르던 말이 있었다. 그런데 어느 날 돌연 그 말이 자취를 감추었다. 마을 사람들이 이를 딱하게 여기며 새옹을 위로하자 새옹은 "할 수 없지. 아마 다른 좋은 일이 생길 테지" 하며 태연하였다.

그러던 며칠 후 새옹의 말이 훌륭한 준마 한 필을 이끌고 돌아왔다.

"준마를 이끌고 오다니, 일거양득이네요. 참 다행이에요" 하며 마을 사람들은 즐거워했다. 그러나 새옹은 "기뻐할 수만은 없소. 또 무슨 일이 일어날지 모르니까" 하며 별로 좋아하는 기색을 보이지 않았다.

며칠 후 새옹의 아들이 그 준마를 타다가 떨어져 다리뼈가 부러지고 말았다. 마을 사람들은 "큰 변을 당하셨으니 얼마나 마음이 언짢으시겠어요?" 하고 새옹을 위로하였다. 그런데 새옹은 "할 수 없지요. 안 좋은 일이 있으면 좋은 일도 생기겠지요" 하며 태평하게 말했다.

얼마 안 있어 나라에 전쟁이 일어났다. 마을 청년들은 모두 징병되었고 거의 다 전사하였다. 하지만 새옹의 아들은 다친 다리 덕분에 징병을 면하여 그 위기를 모면하였다.

이상이 '인간사 새옹지마'의 유래다.

우리는 인생살이에서 만나는 사건만으로는 무엇이 진정한 행복인지 알 수 없다. 일시적으로 나쁜 것처럼 보인다 하여 당황하거나 크게 근심할 필요는 없다. 그 괴로움이 잠시 계속되더라도 언젠가는 반드시 그 난관을 돌파할 수 있다. 도중에 자포자기하지 않는다면 반드시 목표를 달성할 수 있다.

재난 속에는 행복의 싹이 숨어 있다.
지금 우는 자여, 후에 웃음을 얻으리라.

이것은 일시적인 고통에 억눌리지 말고 '좋아질 것이다. 다시 행복의 싹이 트기 시작한다'고 확신하는 것이 중요함을 가르치는 말들이다. 고난을 극복해야 비로소 진정한 행복을 얻을 수 있는 것이다.

목표 달성이 거의 눈앞에 다가왔을 때일수록 극복하기 어려운 고난도 더불어 찾아온다. 그야말로 '도道가 깊어질수록 마魔가 더욱 괴롭힌다'고나 할까.

자신에게 어려움이 닥치면 우리는 쉽게 낙망하고 비관하게 된다. 그래서 생활고에 시달리다 자살하는 사람도 생기는데, 고난은 인간인 이상 피할 수 없는 일이다.

인간은 불완전한 존재이다. 그리고 세상에는 인간의 얕은 지혜나 짧은 생각으로는 아무리 연구해도 도저히 풀 수 없는 문제가 너무나도 많이 산재해 있다.

그러므로 '인간사 새옹지마'라는 심정으로 천명을 기다리자. 이러한 달관의 자세가 때로는 필요하지 않겠는가.

상대의 장점을 포착하여 칭찬하라

'칭찬, 실로 이것만큼 아름다운 것은 세상에 없다. 연애도, 사업도, 예술도, 일도, 모든 미덕도 결국은 이 아름다운 말을 듣기 위해 존재한다.'

이 말처럼 사람은 타인에게 칭찬을 받으면 기뻐한다. 이런 '기쁜 감정'이란 도대체 어떤 것일까?

한 심리학자는 이 '기쁜 감정'을 둘로 나눌 수 있다고 하였다.

하나는 '자기 확인의 칭찬'이다. 이것은 이미 스스로도 인정하고 있는 자신의 장점을 칭찬받은 경우를 가리킨다. 예를 들자면, 키가 크고 늘씬해서 멋있다든가, 잘생겼다든가, 미인이라든가, 붙임성이 있다든가 하는 것이다. 다시 말해, 지금까지 여러 사람들에게 많이 들어온 얘기이며 자신도 잘 알고 있는 장점이다.

또 하나의 '기쁜 감정'은 '자기 확대의 칭찬'이다. 이것은 지금까지 자신이 전혀 깨닫지 못한 점을 타인에게 칭찬받는 경우이다. 예를 들어, 눈매가 대단히 매혹적이라든가, 웃음소리가 예쁘다든가, 손이 아주 곱다든가 하는 식이다.

이 두 가지 칭찬 중에 '자기 확대' 쪽의 기쁨이 단연 클 것이다.

여성들은 매일매일 거울을 보고 자신을 확인하면서 살아가고 있다. 따라서 자신의 얼굴이나 신체에 대한 것은 누구보다도 잘 알고 있다. 그런 자신을 향해 어떤 부분을 칭찬해주는 사람이 있더라도 이미 알고 있는 일이라면 그다지 기쁨이 크지 않을 것이다. 하지만 "당신은 눈웃음이 귀여워서, 살짝 웃으면 정말 예뻐" 하고 자신이 미처 몰랐던 점을 칭찬받게 되면 하늘에라도 오를 듯이 기뻐할 것이다. 그 칭찬에 의해 '자기 존재'가 확대되었기에 기분이 좋아지는 것이다.

남성의 경우에는 자신이 미처 몰랐던 업무상의 장점을 칭찬받을 때 더욱더 열심히 하고자 하는 의욕이 솟구친다고 한다.

"자네는 역시 머리 회전이 빨라. 어제 T 회사의 부장에게 전화를 해두었다고 했지? 덕분에 살았네. 역시 뭐니 뭐니 해도 자네 장점은 그 빨리 돌아가는 머리라니까. 최고야, 최고!"

이런 식으로 칭찬해보라. 칭찬받는 쪽도 어느 정도는 아부가 섞인 말임을 알면서도 자신의 머리 회전이 빠르다는 것을 '발견'하고 상대가 그것을 인정한다는 사실에 아주 기뻐할 것이다.

칭찬은 이처럼 본인이 미처 눈치채지 못한 점을 꼬집어주는

것이 포인트다. 또한 칭찬은 받는 순간만 기쁜 것이 아니라 자신
이 그 칭찬으로부터 거리가 먼 행동을 할 때면 채찍 역할을 해주
기도 한다.

급한 일부터 해치워야 한다

'노세 노세 젊어서 노세, 늙어지면 못 노나니. 화무는 십일홍이오, 달도 차면 기우나니……'

우리 전래민요다. 나는 그 노랫말이 참 퇴폐적으로 들린 적이 있었다. 마냥 놀자고? 젊어서 열심히 일하지 않고 열심히 놀자고? 마냥 즐기며 놀고자 이 세상에 태어났는가?

그런데 노는 것만큼 즐거운 게 없으니 어쩌랴. 솔직히 일이나 공부가 그다지 즐거운 것은 아니다. 대부분의 사람은 느긋하게 여유를 갖고 인생을 즐기는 것이 훨씬 편하다고 생각하고 있다.

하지만 그렇다고 공부나 일을 내팽개칠 수는 없지 않은가. 공부나 일을 좀 더 즐거운 기분으로, 또한 좀 더 효율적으로 소화해내는 방법은 없는 것일까?

하나의 방법이 있다. 예를 들어, 지금 하고 있는 일을 다 끝마쳤을 때의 후련한 기분을 상상해보라. 골치 아픈 일이 해결되면 '낚시를 즐기러 가야지'라든지, '휴가를 얻어서 가족과 함께 여행을 해야지'라는 식의 즐거운 '보상'을 준비해두는 것이다.

그 '보상'을 무엇으로 할지는 사람에 따라 각각 다를 것이다. 그러나 '보상'은 반드시 현실성이 있어야 한다는 단서가 붙는다.

이와 같이 즐거운 보상이 기다리고 있다면 누구든지 되도록 빨리 목표에 도달하고 싶어질 것이다. 그리고 어떻게 하면 능률적으로 일을 진행할 수 있을까 하고 여러 가지로 연구하고 노력하게 될 것이다.

바로 그 시점에서 일을 더욱 효율적으로 처리하기 위한 포인트를 생각해보는 것이다.

우선 잡무와 중요한 일과를 구별하는 것이 중요하다. 그리고 우선순위를 정한 후에 일에 착수한다. 그러나 막상 일을 시작하고자 해도 본격적인 업무 이전에 복사를 한다거나 전화를 거는 등의 잡다한 용무에 시간을 많이 빼앗긴다. '아무 때라도 할 수 있는 잡다한 용무'에 너무 휘둘릴 때도 있다. 그러나 그것은 시간을 낭비하는 것에 지나지 않는다. 이런 잡다한 용무에 휘말리면 능률이 오를 리 만무하다.

그러므로 긴급하고도 중요한 일을 최우선으로 하고, 그 순서에 따라 행동하도록 한다. 실로 간단한 일이다. 이것을 실행하기만 하여도 일의 능률은 몇 배로 높아질 것이다.

믿는 것은 오직 나 자신

목표 달성 능력 개발 프로그램이자 성공 동기 연구 프로그램의 대표격인 'SMISuccess Motivation Institute'는 23개 언어로 번역되어 세계 80여 개국에서 활용되고 있다.

나도 10여 년 전 SMI 프로그램을 도입하였는데, 그 결과 내 인생에 나 자신도 예측할 수 없었을 만큼의 플러스를 가져왔다.

SMI의 창립자인 폴 J. 마이어는 산호세주립대학에 다니다가 대량생산적인 교육에 환멸을 느끼고 중퇴한다. 그러고는 생명보험 세일즈맨이 되었다. 내성적이고 사업성이 부족했던 그는 "마이어에게는 세일즈가 맞지 않아"라는 주위의 말에 자신의 잘못된 점이 무엇인지를 철저하게 연구해보았다. 문제점을 알아내자 그는 그 장애 요소를 하나씩 제거하기 시작했고, 마침내 27세 때 보험업계의 톱세일즈맨으로 부상, 백만장자가 되었다.

"다른 사람들은 나보다 경험도 풍부하고 고등교육도 받았는데, 어째서 나만 이렇게 좋은 성적을 올리는 것일까?"

마이어는 이 의문을 풀기 위해 연구에 착수하였고, 그 결과 탄생한 것이 'SMI 프로그램'이다. 여기에서는 그의 '100만 달러 성공 계획'에 대한 요점만을 소개하겠다.

그는 이렇게 전제한다.

"만약 당신이 다음의 다섯 가지 사항을 꾸준히 실행해나간다면 당신이 원하는 바가 무엇이든 손에 넣을 수 있다. 첫째, 목표를 확실하게 정한다. 그리고 구체적으로 적어본다. 둘째, 목표 달성을 위한 구체적이고 명확한 행동 계획을 세운다. 그리고 달성 기일을 엄격하게 설정한다. 셋째, 목표 달성을 위해 불타는 열정을 지닌다. 넷째, 확고한 자신감을 갖는다. 다섯째, '목표를 반드시 달성할 수 있다'라는 강한 신념을 계속 유지한다."

나는 할 수 있다. 나는 해낸다. 나에게는 그런 저력이 있다.
나에게는 오직 전진뿐이다. 그 때문에 나는 항상 전진한다.
내 사전에 불가능이란 없다. 따라서 나는 누구보다 더 잘할 수 있다.

이런 신념을 계속하여 지니는 습관이 모든 소망을 실현시킨다는 것이 마이어의 주장이다. 어떤가? 한번 도전해볼 만하지 않은가?

Part 2

·

좋은 습관
내 의지를 바꾼다

GOOD HABITS

걱정할 시간에 행동하라

나는 자주 포장마차를 찾는데, 그곳에는 언제나 많은 샐러리맨이 술을 마시고 있다.

그들이 주고받는 대화의 내용이 자연스레 내 귀에도 들어온다. 그들의 화제는 거의 일정하다. 대부분 회사 업무에 관계되는 이야기가 중심인 것이다.

한 잔 마시면서 일에 대한 이야기를 하고 있는 모습이 처음에는 그런대로 즐거워 보인다. 그러나 술잔이 거듭되고 시간이 흐를수록 이야기의 주제는 대부분 상사나 동료의 험담으로 번지고 결국은 푸념으로 이어진다.

"내가 꿈은 또 크지. 하지만 회사 일이 어디 그렇게 한가한가? 눈코 뜰 새 없이 바빠서 꿈을 이루기는커녕 도무지 책 한 권 읽을

짬도 못 낸단 말이야. 안 그런가?"

이렇게 말하는 사람이 적지 않다.

더불어 또 많이 듣게 되는 이야기는 자신의 장래와 현재 하고 있는 일에 대해서이다. 취기가 적당히 올라서인지, 젊은이들은 자신의 진심을 털어놓는다.

"재미? 지금 내가 목구멍이 포도청이라서 다니고 있는 거지 재미로 일하나? 나한테 영 맞질 않는다니깐!"

조직 속에서 살고 있는 샐러리맨 중에는 이런 타입이 의외로 많다. 그런데 현재의 일이나 생활이 재미없다는 것은 그 사람에게 목표가 없기 때문은 아닐까? 그럴 때는 다른 것은 제쳐두고 현재의 일에 전력을 기울여보는 것이 어떨까?

지금 잘되고 있지 않더라도, 재미가 없더라도
주어진 현재의 순간순간을 열심히 살아가는 것이
무엇보다 중요하다.

내일을 기대하면서 착실하게 노력을 계속해나가다 보면 자신이 나아가야 할 방향이 자연스럽게 설정된다. 그리고 그 방향으로 전진하다 보면 반드시 누군가가 훌륭한 조언을 해줄 것이다. 힘을 빌려줄 사람도 반드시 나타날 것이다.

그런 협력자가 좀처럼 니다나지 않는다고 말하는 사람이 있다. 그런 사람은 일에 몰두하지 않고 대충대충 살아가고 있기 때문이다. 꿈도, 희망도, 목표도 없이 '쉬지도 않고, 일도 하지 않는' 주의자가 이런 타입이다. 이런 자세로는 미래로 눈을 돌릴 수가 없지 않은가!

'어떤 목표든 그 목표를 향해 노력하는 과정에서 인간의 행복이 존재한다'는 말이 있다.

예를 들면, 멀리 시골에 있는 집에서 전화가 왔다. 모른 척할 수 없는 용건이기에 시골집으로 서둘러 떠나야 할 형편이 되어 자신의 차로 가기로 하였다.

느닷없이 밤 아홉 시에 출발하는 바람에 걱정이 많다. 도중에 기름이 떨어지면 어떻게 하나? 차가 영 시원찮았는데 고장이라도 나면 어떻게 하나? 식사는? 화장실은?

이러한 쓸데없는 걱정에 사로잡힐 필요는 없다. 그것은 심야 영업을 하는 정비소나 주유소, 그리고 식당에서 자연스럽게 해결할 수 있으므로 일단은 목적지를 향해 출발만 하면 되는 것이다.

인생도 이와 마찬가지다. 목표가 정해지면 쓸데없는 걱정은 집어치우고 일단 출발하는 것이다. 목표만 확고하다면 도중에 휘청거리더라도 반드시 다시 일어설 것이 분명하다.

평정에 주파수를 맞춰라

동물들은 자연 속에서 생활하는 한 병에 걸리지 않는다고 한다. 그러나 인간에게 사육되면 아주 병약해진다.

예를 들어, 자연에서 살던 동물들을 동물원 우리에 가둬놓고 사육하면 곧 알 수 있다. 난방 등에 신경을 써주고 좋아하는 먹이도 주며 불편하지 않도록 여러 가지로 보살피면서 사육하는데도 동물들은 곧 병에 걸리고 만다. 수의사들이 달려와서 주사를 놓고 약을 먹이며 온갖 치료를 해보지만 동물들은 힘없이 죽어버린다. 자연 속에서 뛰놀도록 했더라면 이런 병에는 걸리지 않았을 텐데…….

동물들은 자연으로 돌아가고 싶을 것이다. 우리 인간도 자연계의 생물이므로 역시 자연으로 돌아갈 필요가 있다.

그렇다고 동물들처럼 산야를 마구 뛰어다니며 살 수는 없다. 현대사회의 생활 조건 속에서 '자연으로 돌아가고 싶다'고 염원하는 것이다. 그러기 위해서는 우선 우리의 '마음'을 자연으로 돌아가게 하는 것이 가장 중요하다.

세상의 모든 것은 '자신의 마음에 그리는 것'이 형태로 나타나는 것이다. 요컨대 자신의 마음으로 인정한 것만이 존재하는 것이라 할 수 있다. 즉, 자신의 마음으로 인정하지 않는 것은 존재하지 않는다고 할 수 있다.

예를 들어, '위'에 항상 통증을 느끼는 사람이 있다. 그래서 먹는 것도 조심하고 술도 가까이하지 않고 담배도 끊었다. 그리고 조금만 속이 거북해도 위장약을 먹는다. 병원에 가서 정밀검진을 받아보았다. 그러나 위벽이 민감할 뿐 고통을 느낄 정도는 결코 아니었다. 아무런 이상이 없는 것이다.

이것은 그 사람의 위 그 자체가 나쁜 것이 아니라 위를 지배하고 있는 '마음'의 지배를 받아 그런 것이다. 그도 그럴 것이, 마음이 비관적인 상태에 놓이면 누구든 식욕이 사라지게 마련이고, 공포의 상태에 처하면 위에서 출혈까지 생긴다고 한다.

우리의 신체가 마음에 지배당하고 있다는 점에 대해서는 새삼 말할 필요가 없다. 하여간 '병은 마음에서부터'라는 말은 정설임에 틀림없다.

"난 천성적으로 몸이 약해"라고 입버릇처럼 말하는 사람들이 있다. 그 말처럼 그 사람의 마음에는 '병약한 자신'이 그려져 있다. 그러므로 그 마음의 염려에 의하여 몸이 약해지는 것이다.

지나치게 상심하거나 걱정에 빠져들거나 흥분하는 것은 성급하게 바보가 되는 것과 다름없다.

우리는 이러한 병적 관념을 그려보지 않는 '자연스런 마음'으로 돌아갈 필요가 있다. '네 자신을 위해 번민하지 말라'라는 그리스도의 교훈을 마음에 새기길 바란다.

작은 성공이 큰 성공을 이룬다

어느 소설에 '아무리 쾌활한 사람이라도 거듭 실패를 맛보면 우울해진다'라는 문구가 나온다. 정말 쾌활하고 자신 넘치던 사람이라도 실패가 거듭되면 자신감을 상실하게 마련이다. 어째서 그럴까?

자신을 잃게 만드는 원인은 과거의 실패 체험이다. 지금까지의 다양한 실패 체험을 기록한 직접회로가 그 사람의 대뇌 속에 가득 차 있기 때문이다. 이 나쁜 직접회로를 그대로 방치해두는 한 '자신감'은 좀처럼 회복되지 않는다.

이것은 대뇌생리학의 권위자인 K 박사의 지론이다. 왜냐하면

과거와 흡사한 상황에 놓여진 경우, 이 직접회로가 조건반사적으로 움직이게 되기 때문이다. 말할 나위도 없이 이 직접회로는 지금까지의 실패 체험의 회로, 바로 그것이다. 다시 말해 '실패로 이끄는 회로'인 것이다.

예를 들어, 어떤 모임에서 '한 말씀'을 의뢰받은 사람이 있다 치자. 그 사람은 그렇게 많은 사람 앞에서 이야기하는 것이 그때가 처음이다. 따라서 완전히 얼어버렸다. 결국 많은 사람 앞에서 그만 크게 수치를 당하고 말았다. 이 실패 체험은 그 사람의 대뇌 직접회로에 정확하게 기록된다. 따라서 다음번에 강연을 의뢰받는 순간, 과거의 실패 체험 회로가 작동을 한다. 요컨대 스피치에

실패하여 수치를 당했던 자신을 떠오르게 하는 것이다. 그렇게 되면 이번에도 역시 강연에 실패하게 된다. 이런 일이 거듭되다 보면 완전히 자신감을 상실하고 만다.

이런 실패감을 고쳐가는 하나의 방법으로 '오버로드의 원칙'이라는 것이 있다. 신체에 가해지는 어떤 일정한 강도 이상의 자극을 주는 이 트레이닝 방법은 서양 신화를 근거로 하고 있다.

한 남자가 매일 송아지를 들어올려 자신의 신체를 단련해갔다. 송아지는 나날이 성장하여 조금씩 그 체중이 불어났다. 그래도 남자는 매일 송아지를 들어올렸다. 그러는 동안 남자는 어느 사이엔가 다 자란 소를 번쩍 들어올릴 정도로 강한 힘의 소유자가 되어 있었다.

자그마한 성공 체험을 거듭해나감으로써 실패의 회로를 상실시킨다. 이것이 '오버로드의 원칙'이다.

위기가 기회이다

의욕이나 자신감은 그 사람의 표정에서도 읽을 수 있다. 그뿐만 아니라 행동에서도 표출된다. 즉, 의욕이나 자신감은 그 사람의 모든 것을 지배한다고 볼 수 있다.

얼마 전 지인의 초대로 씨름을 보러 갔었다. 내가 앉은 자리는 씨름판이 정면으로 보이는 특석이었다. 덕분에 나는 씨름 선수들의 몸짓을 놓치지 않고 하나하나 아주 자세히 관찰할 수 있었다.

그런데 한참 관전하는 동안에 한 가지 특이한 점을 발견하였다. 바로 씨름 선수들의 표정이었다. 상대 선수와 대전하기 전의 표정이 승패와 관계가 있다는 발견이었다.

씨름판으로 올라오는 선수의 표정을 살피면서 나는 동석한 지인에게 예언하였다.

★

"이번에는 홍 샅바 선수가 이길 걸세."

과연 결과가 들어맞았다. 그런데 계속 내 예언이 거의 적중했기 때문에 친구는 대단히 놀라워했다. 물론 우연히 맞춘 것에 불과하다. 그러나 의욕이나 자신감 같은 마음의 상태가 그 사람의 눈이나 얼굴 표정에 잘 나타나 있는 것만은 확실하였다.

동작에서도 그것이 표출되고 있었다. 천하장사가 컨디션이 최고일 때는 상대를 닥치는 대로 모조리 쓰러뜨린다. 이럴 때는 자신감과 의욕이 그의 온몸을 지배하고 있다. 그것은 표정에도 적나라하게 드러난다.

그렇지만 첫날부터 생각지도 못했던 선수에게 지기라도 하면 어떻게 될까? 제아무리 천하장사라 하더라도 마음이 몹시 동요될 것이다.

까딱 잘못하다가는 '나약한 감정'에 지배되기도 한다. 이렇게 되면 아주 낭패다. 두 번째도 세 번째도 연달아 질 위험이 있기 때문이다.

이것은 씨름에서뿐만 아니라 승부를 겨루는 모든 세계에서 통용되는 상황이 아닐까? 이럴 때는 마음의 자세를 회복하는 것이 상황을 역전시킬 키포인트가 될 것이다.

비즈니스 세계에서도 마찬가지다. 생각한 대로 실적이 오르지 않고 부진한 상태에 빠지면 누구든 초조해지게 마련이다. 자신은 계속하여 고전을 면치 못하는데, 라이벌은 탄탄대로를 달려간다. 그렇게 되면 더더욱 초조해져 발버둥치는 악순환에 빠져들게 된다.

우리는 일을 진행하는 데에서, 또는 가정생활에서도 난국에 부딪히곤 한다. 그런 경우에 직면하면 아주 침몰해버리는 사람도 있다. 반면에 그것을 기회로 삼아 '재난이 변하여 복이 된다'라는 말처럼 이끌어나가는 사람도 있는 것이다.

매상이 몹시 부진한 음식점이 있었다. 이 가게에 필요한 것은 마음의 자세를 만회하는 일이다. 지금까지 음식 맛은 어떠했는가, 손님을 대하는 태도는 어떠했으며, 가게 안의 구조는 어떠했는가 등등을 다시 생각해볼 기회로 활용하는 것이다. 솔직한 심정으로 대처해나간다면 반드시 새로운 길이 열릴 것이다.

인간의 역사를 뒤돌아보아도 전쟁이나 천재지변 등의 난국에 직면할 때마다 새로운 지혜로써 그 어려움을 진보적 발전으로 연결시킨 일이 많았다.

위기를 기회로 바꾸려는 노력과 마음가짐, 그런 습관이 절실히 요구된다.

긍정의 사고방식을 의지하라

들에서 꽃을 자세히 관찰해보면 햇살이 비치는 쪽을 향해 피는 것을 알 수 있다. 또한 실내에 꽂아둔 꽃이 빛이 들어오는 쪽으로 방향을 바꾸어 피는 것을 흔히 보게 된다. 감정이 없는 식물까지도 밝은 쪽을 좋아하는 것이다. 사람 또한 '음'보다는 '양'을 좋아하는 것이 당연하다.

우울하고 어두운 사람은 호감을 사지 못한다. 밝고 쾌활한 사람 주변에 사람들이 몰리게 되어 있다.

웃으며 명랑하게 지내도 한평생, 어두운 얼굴로 탄식하며 지내도 한평생…… 어차피 한 번뿐인 인생이라면 누구든지 매일매일을 즐겁게 지내고 싶어 할 것이다.

그럼에도 불구하고 어째서 우리는 어두워지는 것일까?

아무리 우울해 보이는 사람이라도 어린 아기 시절에는 모두 방긋방긋 밝은 웃음을 머금었을 것이다. 보는 이들에게 상큼함을 줄 수 있는 그런 천진난만한 표정으로…….

그러나 우리에게는 어느 사이엔가 '부정적인 생각'이 침투해 들어왔다. 매사를 어두운 쪽으로 생각하게 하는 나쁜 버릇이 어느 사이엔가 몸에 밴 것이다.

사람에게는 그 나름의 버릇이 있다.

이런 실험을 해보기 바란다. 가슴 위로 팔짱을 끼어보는 것이다. 오른손이 위에 얹혀 있는가, 아니면 왼손이 위에 와 있는가? 어느 쪽이 위에 있든 크게 상관은 없다.

자, 그러면 이번에는 반대로 손의 위치를 바꾸어 팔짱을 끼어보기 바란다. 오른손이 위로 되어 있던 사람은 왼손을 위로 하여 팔짱을 끼는 것이다.

그렇게 바꾸어본 기분이 어떠한가? 좀 어색할 것이다. 마치 다른 사람의 팔로 팔짱을 끼고 있는 것처럼 아무래도 뭔가 석연치 않을 것이다.

그렇다면 다시 원래대로 팔의 위치를 바꾸어보자. 보통 때 당신이 늘 하던 습관대로 말이다. 그렇게 하면 뭔가 딱 들어맞는 기분이 들 것이다. 바로 그 팔짱 끼는 방법이 당신의 습관 중 일부인 셈이다.

이 간단한 실험에서 알 수 있듯이, 우리에게는 모든 것에 자기 나름대로의 익숙한 버릇이 몸에 배어 있다. 마찬가지로 우리에게는 '사고방식의 버릇'도 있다.

　무슨 일에 직면하였을 때 '부정적인 사고'로 몰고 가는 버릇을 지닌 사람이 있다. 그것과는 반대로 적극적이고 '긍정적인 사고'를 지닌 사람도 있다.

　여기, 50세의 두 사람이 있다.

　"난 벌써 꺾어진 백 살이니까, 이제 별 볼 일 없는 인생이야."

　"무슨 소리야? 사십이나 오십이나 육십 살 안 되기는 마찬가지 아냐? 나이 같은 건 숫자에 불과한 거야!"

　둘 다 '50세'라는 현실은 똑같건만 생각하는 것의 차이가 이렇게 대단하다.

　어차피 한 번뿐인 인생이기에 '긍정적인 사고방식'을 습관화하여 멋진 인생을 보내기 바란다.

긴박의 족쇄를 유머로 풀어라

뛰어난 인물은 반드시 유머 센스가 있다. '웃음'이란 대단히 유쾌한 것으로, 인간관계의 윤활유 역할을 한다. 이 '웃음'에 대해서는 동서고금의 사람들이 여러 연구를 해왔다.

그런데 웃음에는 하나의 원칙이 있다고 한다. 바로 '우월감'이다. 요컨대 '인간은 자신이 우월감을 느꼈을 때 웃는다'라는 말이 된다.

얼마 전 욕실에서 발을 씻기 위해 수도꼭지를 틀었다. 대야 안에 물을 받으려고 한 것인데 수도꼭지를 튼 순간, 비명을 지르고 말았다. 느닷없이 머리 위에서 찬물이 쏟아졌기 때문이다. 수도꼭지를 튼다는 것이 그만 깜박하여 샤워꼭지를 틀고 만 것이다.

머리에서부터 흠뻑 물벼락을 맞고 새앙쥐처럼 된 나를 보고 아내는 통쾌하게 웃음보를 터뜨렸다.

아내는 어째서 그렇게 웃어댔을까? 그녀는 '나 같으면 저런 어리석은 짓은 하지 않았을 텐데' 하는 우월감을 느꼈기 때문일 것이다. 그 우월감이 '웃음'을 낳게 한 셈이다.

남을 잘 웃길 줄 아는 사람은 이 점을 잘 파악하고 있다. 개그 맨들은 이 원칙을 예외없이 잘 활용한다. 주로 '바보'를 개그화한 것이 그러한데, 얼빠진 듯한 말과 행동으로 사람들을 웃기는 것이다. 시청자로 하여금 '나 같으면 저런 얼간이 짓은 하지 않아'라는 우월감을 가지게 하는 것이 웃음의 포인트라는 말이다.

'웃음'이 유쾌한 것은 긴장에서 해방시켜주기 때문이다. 그리고 우리 마음에 여유를 주기 때문이다. 뒤집어 말하면, 긴장된 심리 상태이거나 여유가 없는 사람에게 '웃음'이란 있을 수 없다는 의미다.

다른 사람과의 대화는 첫째, 테니스에서의 랠리, 즉 서로 끊어지지 않게 맞받아치기를 계속하는 것과 비슷하다. 랠리를 가능한 한 원활하게 지속시키는 것이 포인트이기 때문이다.

언어를 매개체로 하여 서로의 마음이 통하도록 하는 것이 중요하다. 이때 대화의 랠리를 원활하게 지속시키는 요령, 그것이 바로 '유머'이다. 즉, 상대에게 유쾌한 웃음을 선사하는 것이 좋은 대화의 비결인 셈이다.

둘째, 상대가 흥미를 느끼는 화제를 꺼내는 일이다. 자신이 좋아하는 화제가 나오면 상대는 편안한 기분이 되기 때문에 흥미롭게 대화를 나눌 수 있다.

이것은 테니스에서 말하는 서브에 해당하는데, 일부러 받아치기 쉬운 서브를 주어 상대로 하여금 반격하게 하는 것이다. 대화 사이사이에 이런 이완적 요소를 집어넣는 것이 대화를 부드럽고 원활하게 풀어나가는 요령이다.

매 시간이 금이다

'시간은 금이다'라는 말은 동서고금을 통해 너무나도 잘 알려진 격언이다. 일반적으로 이 말은 '시간이란 금처럼 소중한 것이다'로 해석되고 있다. 그런데 과연 시간이 금전과 동일하게 취급될 만큼 그렇게 값싼 것일까? 그렇지 않다.

우리는 돈이 든 지갑을 잃어버리면 큰 손실을 보았다고 몹시 안타까워한다. 그러나 하루의 생활 속에서 시간을 헛되이 흘려보내는 일에는 너무나 무신경하다.

돈이나 토지나 건물 같은 것들은 잃었다가도 다시 되찾을 수 있다. 그러나 아무리 엄청난 돈을 모으더라도 절대로 되찾을 수 없는 것이 바로 '시간'이다.

지금 이 순간에도 시간은 계속 흘러가고 있다. 이 흘러가는 시간은 돈으로도, 이 세상 그 어떤 것으로도 도저히 살 수 없는 것이다.

시간이란 소중한 것이며 또한 누구에게나 공평하게 주어진다. 그것을 어떻게 쓰느냐에 따라 인생의 성공이 좌우된다.

어느 암환자가 이런 말을 들려주었다.

"지금 내가 가장 원하는 것이 무엇인지 아시오? 그것은 시간이오. 나에게 주어진 시간은 이제 얼마 남지 않았소. 아직도 하고 싶은 일이 너무나 많은데……."

그의 마음 깊은 곳에서 우러나온 애처로운 '절규'는 정말이지 시간의 소중함을 뼈저리게 느끼게 했다.

지금이 그때. 그때가 지금.

여기에서 그때란 '중요한 때'를 의미한다. '지금'이라는 이 순간을 소중하게 여기라고 이 말은 가르치고 있다.

'지금'이라는 시간을 활용하지 않으면 시간은 쏜살같이 지나가버린다. 그러므로 '지금'이 일을 할 때인 것이다. 주저하거나 머뭇거려서는 안 된다. 우유부단은 귀중한 시간을 허비하는 것이나 마찬가지다.

지금보다도 더 적당한 시간이 나중에 찾아올 것이라고 생각하기 때문에 미적거리며 쉽사리 행동에 옮기지 않는 사람이 있다.

'기회의 신'을 알고 있는가? 이 신은 앞머리에만 머리카락이 났을 뿐 뒷머리는 맨들맨들한 대머리라 한다.

그런데 우리는 그 앞머리 즉, 기회를 붙잡지 못하고 놓친 채 언제나 그 뒷머리만 아쉬운 눈초리로 바라보고 있는 것인지 모른다. 다음 기회가 다시 찾아주기를 기대할 뿐 머뭇거리며 정작 행동을 취하려 하지는 않는 것이다.

또 다른 기회의 신이 눈앞을 지나가고 있는데도 그의 앞머리를 붙잡으려 하지 않는다. 그때가 바로 진짜 기회인데도…….

실행이 최선책이다

'하나에서 열까지 이 정도면 완벽하다는 시점에서 시작하고
자 한다면 영원히 아무 일도 할 수 없다.'

어느 철학자의 책에 나오는 구절인데, 요리조리 변명을 하며
좀처럼 행동을 개시하려 들지 않는 사람을 질타하고 있다.

경영자, 샐러리맨, 교육자, 과학자, 기술자, 서비스업 종사자
등등 세상에는 정말 다양한 직업의 사람들이 있다. 그러나 어느
분야의 사람이든 간에 다음의 두 가지 유형으로 나눌 수 있다.

하나는 '부자' 그룹이고 하나는 '빈자' 그룹이다. 이 양자를 분
리하는 것은 무엇일까? 그것은 '행동력'의 차이이다.

부자들은 모두 행동이 적극적인 반면 빈자, 즉 아무리 세월이
흘러도 역경에서 헤어나지 못하는 사람은 소극적이다. 이것은 정

말로 결정적인 차이이다.

소극적인 사람들은 여러 모로 변명을 해대며 자신의 처지를 벗어나기 위해 새로운 약진을 도모하지 않는다.

"아직 준비가 덜 돼서……."

"요즘 경기도 안 좋고……."

이렇게 변명하며 행동에 옮기지 않는 것이다. 할 수 없는 이유를 나열하는 데 그야말로 '명수'라 할 수 있다.

책상 위에 서류가 산더미처럼 쌓여 있어 어디서부터 손을 대면 좋을지 자신도 당황할 때가 있다. 그럴 때 적극적인 사람들은 우선적으로 자신이 쉽게 할 수 있는 것부터 손을 대기 시작한다. 어찌 됐든 그 산더미 같은 서류 전부를 한번에 몽땅 처리할 수는 없다. 먼저 할 수 있는 것부터 순서대로 하나씩 처리해나가야 한다. 그렇게 시작함으로써 일이 원활하게 풀려 척척 해치울 수 있다.

적극적인 사람들과 소극적인 사람들은 모든 행동에서 그 차이가 나타난다.

적극적인 사람은 '그 자리에서 즉시 처리'하는 것을 항상 염두에 두고 있다. 그리고 그것의 부산물로 신뢰와 자신감을 얻고 '부'까지 축적한다. 그런가 하면 약간만 실패를 맛보면 곧 변명을 둘러대기 위해 구실을 찾는 사람이 있다. 그는 비겁자라 할 수 있다. 사전에 변명을 하지 않을 만한 행동을 한다면 그가 비겁자가 되는 일은 없을 것이다.

물론 그런 사람들을 너무 몰아세우는 것도 좋지 않다. 당신에게 변명을 하고 싶어 하는 사람이 있다면 순수하게 들어주는 게 좋다. 그러나 자기 자신에게만은 결단코 나약한 변명을 하지 말기 바란다.

'남의 변명을 들어주어라'라고 하면서 한편으로는 '자신에게 변명하지 말라'라고 하는 두 개의 사고방식은 서로 모순되는 것처럼 느껴진다. 그러나 이것은 '자신에게는 엄격하게 그러나 타인에게는 따뜻하게'라는 자세의 표출이기도 하다.

진정으로 적극적인 사람이란 이와 같은 플러스 사고를 지닌 사람이다.

혁신하고 또 혁신하라

　한창 자라고 있는 나무들을 조심스레 보고 있노라면 감탄이 절로 나온다. 어제와는 또 다른 새로운 신선함이 새록새록 느껴지기 때문이다. 새잎이 돋아났다거나 봉오리가 맺혔다거나, 꽃이 피었다거나 잎사귀가 더욱 푸르러졌다거나 등등……. 언제나 어제와는 다른 모습을 하고 있다. 어쩌다 일주일 정도 후에 보게 되면 정말로 깜짝 놀랄 만큼 변화되어 있기 일쑤이다.

　'살아 있는 것은 항상 새롭다'는 말을 절감하게 만들 만큼 생명체의 신비함을 과시하고 있는 것이다.

　그럼 우리 인간은 어떠할까? 우리의 신체도 매일매일 새로워지고 있다. 바로 피부가 그렇다. 새로운 피부가 잇달아 생성되며 어제까지의 낡은 피부는 때가 되어 떨어져나간다.

근육이든 내장이든 모두 마찬가지다. 낡은 조직이나 불순물은 녹아서 노폐물과 함께 몸 밖으로 배출되며 다시 새로운 조직이 계속해서 생겨난다. 이처럼 우리의 신체도 어제와는 또 다른 새로움이 생겨나고 있다. 살아 있는 것은 항상 새로워지기 때문이다.

일이나 공부 또한 마찬가지다. 항상 어제와 똑같은 매너리즘에 빠져 있으면 새로운 것을 생각하고 행동하는 사람에게 추월당하게 마련이다. 일이나 공부를 진행해나가는 데도 늘 새로운 피가 뛰어야만 된다.

상품의 판매전략도, 광고의 기획 방법도, 업무의 추진 방법도, 모두 어제보다는 오늘, 오늘보다는 내일…… 이렇게 매일매일 새로운 지혜를 보태가며 진보해나가야 한다.

고객에게 인사하는 태도, 응대 방법, 전화 예절 등의 사소한 일도 절대 소홀히 여겨서는 안 된다. 비록 사소하고 작은 일이더라도 힘닿는 데까지 연구하고 궁리하는 습관이 항상 몸에 배도록 해야 한다.

'이 방법이 좋겠다'라고 생각이 미치면 재빨리 개선하라. 이러한 자세가 '매일매일 새롭게 된다'는 것이다. 이것은 새로운 피가 흐르고 있다는 증거이기도 하며 '선한 일은 서둘러라'는 말과도 일맥상통하는 점이 있다.

회사에서 정년퇴직하여 집에서 두문불출하는 사람을 이따금 보게 된다. 바로 얼마 전까지는 활기차게 일을 하던 사람이 퇴직하여 집에서 할 일 없이 빈둥거리며 지내는 것이다. 이런 생활을 시작하면 그 사람은 아주 급작스럽게 노화가 진행된다. '일'이 없어졌기 때문이다.

끊임없이 일을 하라. 일하지 않으면 곧 죽음이 다가온다.

이런 명언도 있듯이, 일은 인간의 생명 그 자체이다. 그렇기 때문에 '일'이 없어졌을 때 살아갈 힘, 즉 원동력이 쇠약해지고 만다.

우리의 신체는 심장이든 세포든 항상 움직이며 신진대사를 하고 있다. 새로운 것을 받아들이고 낡은 것을 배출하며 늘 활동하는 것이야말로 생물체의 특징이기도 하다.

인간은 일을 하면 할수록 건강해지도록 만들어져 있다.

'매일매일 새롭게 된다'는 것을 당신도 지금 당장 실천해보는 것이 어떨지? 자신이 소망했던 것을 이루어낸 모습을 구체적으로 떠올려 상기해보자.

최선으로 질주하라

'자신의 부족한 점을 인식하는 것이 노련해지는 길의 디딤돌이다. 모든 일은 부족한 시점에서 출발하여 점차 노련해지는 것이기 때문이다.'

이 교훈은 현대를 살아가는 모든 사람에게 그대로 적용되는 말이다. '처음 한동안은 서툴겠지만 그것에 계속하여 몰두하면 할수록 점차 숙달되게 마련이다'라는 의미이다.

나아가서 이 말에는 '흥미라든가 관심, 의욕 따위는 그 일에 몰두하여 있을 때 자연스럽게 솟아나오는 것이지, 그 일에 몰두하기 전부터 느껴지는 것은 절대로 아니다'라는 이미도 함축하고 있다.

예를 들어, 골프를 시작한 후 정말로 흥미가 생기는 것은 9홀을 50타 정도로 끝내는 때부터라고 한다. 다시 말해, 골프를 시작한 지 몇 년이 흘러 골프라는 것을 어느 정도 알고 자신이 생겼을 때부터라는 뜻이다.

50타로 끝내게 되어 "나도 꽤 능숙해졌는걸!" 하고 우쭐대기라도 하면 그다음부터는 제자리걸음을 하기 일쑤다. 더 이상 실력이 향상되지 않는다.

이것은 골프에만 국한된 이야기가 아니다. 모든 운동이 마찬가지다. 아니, 운동뿐만 아니라 바둑이나 장기 또는 일이나 사업 같은, 승패를 겨루는 일 혹은 여러 가지 배움이나 훈련에도 적용된다.

공부 또한 몰두하여 열중하는 사이에 점차 재미가 붙는 것이다. 외국어 회화공부를 하다 보면, 처음에는 외국인이 말하는 내용을 전혀 알아듣지 못하게 마련이다. 이럴 때 회화공부는 고통스러우며 전혀 재미가 붙지 않는다. 하지만 상대의 이야기가 조금씩 들리기 시작하면 점차 재미있어지고 좀 더 알고 싶어진다. 그렇게 되면 열심히 회화공부에 몰두하면서 점차 귀가 트이는 것이다.

일도 마찬가지다. 열중하면 열중할수록 흥미로워진다. 하기 전부터 흥미를 느끼는 것이 아니라 열심히 일에 몰두함으로써 흥미를 느끼게 되는 것이다. 또한 자신이 그 분야에 최고가 되리라는 확신이 있다면 그 흥미는 극에 달할 것이다.

그런데 현재 우리는 무엇인가 결여된 듯한, 마음속의 공허함을 느끼며 살아가는 것처럼 여겨지지 않는가? 모두가 대학에 가니까 이렇다 할 목적도 없이 그저 대학을 지망하는 풍조처럼…….

회사에 다니는 사람도 이와 다름없다. 일을 하지 않으면 살아갈 수 없으므로 회사에 다니고 있다. 물론 그것은 삶의 문제를 해결하기 위해 당연한 일일지도 모른다. 그런데 아무런 흥미도 느끼지 못하며 마지못해 일을 하는 사람들이 뜻밖에도 우리 주변에 굉장히 많다. 그것이 바로 문제이다.

일이든 놀이든 공부든, 거기에 몰두해야만 진정한 즐거움을 느낄 수 있다.

성공은 작은 인연에서 출발한다

'옷깃만 스쳐도 인연'이라는 말이 있다. 사소한 만남까지도 살리는 것이 중요하다는 것으로, '인맥'이야말로 무엇보다 소중한 재산임을 강조하는 말이다.

흔히 '돈 떨어지면 친구도 떨어진다'라고 한다. 이것은 돈이나 지위 등을 목표로 삼아 서로 교제하는 사람들의 이야기일 뿐이다.

물론 돈은 귀중한 자산이다. 그러나 이 세상에는 돈으로는 살 수 없는 인간의 '가치'가 있다. 그 가치가 돈만으로 정해질 수 있다면 예금통장의 잔액이 문제될 것이다. 그러나 그런 가당치 않은 일은 있을 수 없다.

돈이 전부가 아님은 모든 사람이 알고 있다. 그렇다면 인간의

'가치'란 도대체 무엇으로 정해지는 것일까?

인간의 가치란 그 사람의 '인격'과 상통한다. 그 사람의 인격은 돈 이상의 가치를 낳는다. 그 인격에 사람이 모이고, 돈도 모이게 되기 때문이다. 그 사람이라면 정말 틀림없다고 믿게 하는 인격적인 매력이야말로 인간이 지닐 수 있는 진정한 가치이다.

게는 자신의 껍질과 비슷한 크기의 구멍을 판다고 한다. 사람도 마찬가지다. 자신이 판 구멍의 크기가 그 사람의 '그릇' 크기가 아닐까.

그릇이 큰 사람은 예외없이 겸허하다. 『논어』에서 공자는 '세 사람이 가면 반드시 내 스승이 있다'라고 하였다. 세 사람이 더불어 여행을 하면 나 외에는 모두가 스승이라는 것을 깨닫게 하는 글이다. 같은 동반자인 두 사람으로부터 배울 점이 참으로 많기 때문일 것이다.

이 말은 또한 '어떤 사람에게든지 그 사람 나름의 천분天分이 있다'라고 하는, 인간 개개인의 존엄성을 가르치고 있다.

공자의 말을 잘 이해하고 그것을 실천하면서 살아가는 것이 겸허한 것이다.

소인은 연분을 만나도 연분인지 모르고
범인은 연분인지 알지만 그것을 살리지 못하고
대인은 소매를 스치는 작은 인연도 살리느니

인생의 행로에서 자신의 스승으로 받들 만한 사람은 도처에서 찾을 수 있다. 단지 그것을 스스로 깨닫지 못할 뿐이다. 마음을 겸허하게 먹고 주변의 말에 귀를 기울여보라. 소매를 스친 정도의 자그마한 인연도 소중히 여겨라. 우리의 스승은 도처에 널려 있다.

마음가짐의 이노베이션

우리의 신체 중에서 혈액이 가장 활발하게 순환하는 부분이 뇌라고 한다. 뇌세포의 혈액이 언제나 신선하고 좋은 양분을 운반한다면 아무리 끊임없이 움직이더라도 우리의 뇌는 조금도 피곤하지 않다는 것이다.

그러나 걱정 혹은 불안이나 공포, 의심 등 미리 앞질러 하는 염려로부터 발생한 독소가 혈액으로 들어가면 뇌의 작용은 점차 둔해진다고 한다. 마음의 염려에서 발생한 '독소'를 뇌세포에 제공하기 때문에 뇌의 움직임에 이상이 생기는 것은 당연하다. 그러므로 우리는 가능한 한 사소한 염려에 사로잡히지 않도록 노력할 필요가 있다.

혹시 당신이 다른 사람을 고용하는 입장이라면 일단 그 사람을 신뢰하는 것이 중요하다.

'내가 눈을 번뜩거리며 감시하지 않으면 직원들이 태만하거나 무슨 일을 저지를지 모른다.'

이런 식의 걱정은 하지 않는 게 좋다.

걱정, 불안, 초조, 두려움, 의심 따위의 지레 걱정을 하게 되면 진짜 현실 속에서도 그런 일이 벌어지게 된다는 '자연의 법칙'이 있다.

'말이 씨가 된다'는 것도 자연의 법칙이다. 즉, '인과因果의 법칙'인 셈이다.

'환자와 가까운 사람이 간호를 해서는 안 된다'는 말이 있다. 가족이라든가 가까운 친지 혹은 친구 등 환자와 가깝게 지내던 사람이 간호를 하게 되면 도리어 환자에게 이롭지 못하다는 뜻이다. 가까운 사람일수록 아무래도 환자 옆에서 걱정스러운 얼굴이나 슬픈 표정을 보이게 되기 때문이다.

그렇게 되면 환자는 '내 병이 대단히 중병인 모양이군' 하고 민감하게 그것을 감지하고는 필요 이상으로 걱정하고 불안해하며 두려움에 떠는 등 좋지 못한 감정에 사로잡히게 된다. 결국 병으로 이리저리 고민하느라 증세는 날로 악화된다.

'힘들 때 안달복달하면 더욱 힘든 사태를 불러들인다'는 말도 이와 같은 이치이다.

얼마 전 위장이 좋지 않아 몹시 고생한 적이 있었다. 그때는 무엇을 먹기만 하면 잠시 후 위가 아프기 시작했고 매일 설사를 했으며 드디어는 아무것도 먹을 수 없는 극한 상태에 도달했다.

거의 이틀마다 병원을 다니며 여러 약도 복용해보았지만 약을 토해내는 지경에까지 이르렀다. 정말이지 하루하루가 괴로움의 연속이었다.

그러던 내가 이제는 완전히 건강을 되찾았다. 건강해진 이유 중 하나는 '발마사지' 덕분이었다.

그리고 또 하나는 '마음가짐'의 개혁이었다.

나는 의사로부터 위장은 단순한 장기라서 큰 병이 아니면 그 자체 때문에 아프거나 설사를 하지는 않는다는 말을 들었다. 그래서 '신체는 마음의 지배를 받는다'라는 진리를 깨닫고 마음을 편안하게 갖기 위해 노력했다. 그러자 이상하게도 그때까지 안달하던 마음이 평정을 되찾았고 서서히 건강이 회복되었다.

무슨 일이 생길까, 앞으로 어떤 상황이 전개될까 하며 그에 대한 대응책을 세워두는 자세는 바람직하다. 그러나 미래의 일을 너무 깊이 염려하여 마음의 병을 얻게 되는 사태에는 이르지 않도록 주의를 기울여야 한다.

안 된다고 생각하면 안 된다

"엊저녁 자기 전에 커피를 마셔서 그런지 밤에 잠을 거의 한숨도 못 잤다"는 사람이 있다.

이것은 우선 그 사람이 '커피를 마시면 흥분한다'고 굳게 믿고 있는 것이 가장 큰 원인일 것이다. 그리고 '그렇기 때문에 잠을 잘 못 잔다'라고 마음에서 이미 결정을 내렸기 때문에 바로 그러한 결과가 초래된 것이다. 그런 마음만 먹지 않는다면 사실은 편안하게 잠들 수 있었으리라.

그 반대의 사람도 있다. 자기 전에 커피를 마시지 않으면 잠이 안 온다는 사람이다. '마시면 안 돼'라고 마음으로 결정을 내리고 있는 사람의 입장에서 본다면 정말 믿기지 않는 일이겠지만, 두 사람의 증상은 모두 사실이다.

하여간 어떤 사람이든 '기분'에 좌우되고 있음은 명백한 사실이다. '자기암시'가 일으키는 작용인 것이다. 특히 신경질적인 사람일수록 매사에 이런 식으로 결정지어버리기 일쑤이다.

사람들 앞에 나서서 이야기하려면 떨려서 입이 떨어지지 않는다는 사람들이 주변에 많이 있다. 이들은 분명 지금까지 사람들 앞에 나섰을 때 '떨었던' 경험이 있을 것이다. 그렇기 때문에 이번에도 또다시 얼어버릴 것이 틀림없다고 지레 결론을 내려버리는 것이다.

매사를 이런 식으로 생각한다면 자신의 능력을 반 정도밖에 발휘할 수 없게 된다.

그럼 어떻게 하면 이런 버릇을 없앨 수 있을까?

우선 '떨리는 것은 나 자신만이 아니다'라는 점을 인식하자. 자기만 떨린다고 생각하면 사람들 앞에 나서는 일에 공포심이 유발된다. 이 점이 중요하다. 다시 한 번 강조한다. '떨리는 것은 나 자신만이 아니다'라고 생각하라.

다른 사람들도 제법 침착한 모습으로 조리 있게 이야기하고 있는 것 같지만 사실은 누구나 다 떨고 있다. 그것을 청중만 모를 뿐이다. 화술의 귀재라 일컬어지는 모 명사조차도 많은 사람 앞에서 이야기하기 전에 언제나 떤다고 고백했다.

독일의 심리학자 분트에 의하면, 인간의 본능은 '종족보존의 본능'과 '개체보존의 본능'으로 나눌 수 있다.

개체보존의 본능 중에는 집단에 대한 본능이 있는데, 사람이 많은 사람 앞에 나서게 되면 자신도 모르는 사이에 공포의 본능이 작용한다고 한다. 자신을 보호하는 방어본능일 것이다. 이것은 인간의 '본능'이므로 누구에게든 나타나는 증상이다.

사람들 앞에 나서면 떠는 것은 지극히 당연한 일이다. 따라서 무슨 일이든 처음부터 '안 된다'고 결정지어버리는 것은 대단한 마이너스임을 다시 한 번 강조한다.

끈기를 몸에 붙여라

내가 존경하는 어떤 분은 매일 아침 네 시에 기상하여 조용한 묵상으로 마음을 가다듬고 하루 일과를 구체적으로 계획한 후 운동을 한다. 어쩌다 여행을 떠나도 이것만은 거르지 않고 반드시 실천한다고 한다. 그날 하루를 새롭게 시작하기 위한 '수행'이라고나 할까? 벌써 15년 정도를 계속하고 있는데, 하루도 거르지 않고 매일같이 수행한다는 것 자체만으로도 정말이지 감탄하지 않을 수 없다.

어떤 일이든지 '시작'하기란 쉽지만 그것을 단념하지 않고 '계속'하기란 결코 쉬운 일이 아니다.

어째서 계속할 수 없는 것일까?

도중에 질려버리기 때문이다. 또는 나태한 마음에 사로잡히기 때문이다. 도중에 자신의 한계나 어려움을 느끼고 내팽개치기 때문이다. 좌절의 이유는 실로 가지각색이다.

여기에서 하나의 문제점이 나타나는데, '시작할 때의 기분'이 그것이다. 그 '기분'을 계속 일정하게 유지시키기가 얼마나 어려운가 하는 점이다.

오랜 시간 노력을 기울이면 점차 피곤과 짜증을 느끼게 된다. 그런 까닭에 어느 정도의 시점이 되면 "아이쿠!" 하며 한숨 돌리고 싶어진다.

바둑이나 장기, 또는 운동에서도 어려운 시점을 지나 종반에 이르면 '이 정도면 이기겠어'라는 생각에 긴장감이 다소 풀어진다. 그러다가 눈 깜짝할 사이에 역전패를 당하는 경우가 얼마나 많은가!

승부의 세계에서 이런 일은 흔히 있다. 더불어 우리 '인생의 도전'에서도 마찬가지다.

이 세상의 모든 일은 끈기에 달려 있기에 '끈기가 강한 자만이 최후의 승부를 얻는다'라는 말이 새삼 와닿는다.

자신을 채찍질하면서 '계속'이라는 자기 지배력이 끈기를 지속시키는 포인트이다. 일상생활 속에서의 사소한 일이더라도 하겠다고 마음을 먹었으면 계속하는 자세가 무엇보다 중요하다. 이 '계속한다'는 힘이 바로 '끈기'이다. 끈기를 습관으로 몸에 지닌 사람은 실패를 대비해 보험에 든 것과 같다.

성공을 메모하라

'개미 구멍에 제방도 무너진다.'

이 말은 사소한 것을 소홀하게 여겨서는 안 된다는 교훈을 준다. 무슨 일이든 얕은 곳에서부터 들어가 점차 깊은 곳에 도달하게 되어 있다. 그러므로 모자라고 대수롭지 않게 보이는 일도 무시하지 않는 것이 지혜의 근본이다.

그렇긴 하지만 우리는 아무래도 사소한 일을 경시하기 십상이다. 예를 들면, 평상시에 머릿속을 스치는 아이디어가 그러하다.

이런 것은 흔히 경시하기가 쉽다. 어쩌다 모처럼 떠오른 아이디어임에도 불구하고 그것을 자신의 깃으로 붙잡아두려고 하지 않는 것이다.

이 작은 착상이야말로 엄청나게 중요하다. 동서고금을 막론

하고 발명이나 발견들은 모두가 이러한 순간적 착상에서 비롯된 것이기 때문이다.

아이디어라는 것은 언제, 어디서 떠오를지 알 수 없다. 그리고 그것이 언제까지나 머릿속에 남아 있으리라는 보장도 없다. 즉, 필요한 때 언제라도 끄집어낼 수 있는 것이 아니다.

그러므로 때와 장소를 불문하고 머리에 떠오르는 아이디어는 어떠한 형태로든 보존해둘 필요가 있다. 그러기 위해 항상 펜과 종이를 몸에 지니고 다녀야 한다.

특히 펜은 항상 지니고 있어야 한다. 메모 용지가 없어도 상관 없다. 주머니 속을 뒤져보면 반드시 무엇인가 있을 것이다. 영수 증이라든가 명함, 담뱃갑 등 무엇이든 메모만 할 수 있으면 된다. 이러한 준비만 된다면 언제든지 OK.

그리고 아이디어가 떠오르면 즉시 다른 일을 제쳐두고 메모를 하는 것이 좋다. 그런데 메모된 것을 빠른 시간 안에 노트나 컴퓨터 등의 정해진 장소에 옮겨 적는 것도 중요하다. 바로 그것이 '아이디어 수첩'인 셈인데, 깜박 잊고 메모 종이를 버릴 수도 있기 때문이다.

종이에 쓴다고 하는 효력은 대단하다. 모든 신경이 그곳으로 집중되기 때문이다. 자신의 생각을 메모지에 기록하는 것은 자신의 '마음 위'에 그것을 기록하는 것이나 다름없다.

마음에 기록한 것, 즉 그것은 마음에 새겨진 것이므로 그것을 잘 기억할 수 있게 될 뿐만 아니라 흘려 들은 경우보다도 훨씬 오랫동안 정확하게 기억될 것이다.

앞에서 언급한 '아이디어 수첩'은 평상시에 자주 펼쳐봄으로써 그것을 잠재의식에 새겨두도록 한다. 그렇게 하면 그 아이디어들이 조금씩 자라 살이 붙고 뼈가 생기는 등 구체적 형상을 갖춰가다가 어느 사이엔가 실현될 것이다.

이것이 바로 잠재의식의 작용이다. 그 때문에 평상시 퍼뜩 머리에 떠오르는 착상을 중요시하는 습관을 몸에 익혀야 한다.

Part 3

·

좋은 습관
내 행동을 바꾼다

GOOD HABITS

약속 시간을 목숨 걸고 지켜라

강연은 주로 호텔이나 연회장 또는 회사 강당에서 열린다. 그런데 강연장이 어디이건 공통점이 있는데, 그것은 강연의 시작 시간이다. 한결같이 정각에 시작하지 못한다.

그것은 강의를 들을 사람들이 정각에 모이지 않기 때문이다.

회의나 집회에서도 이런 현상을 종종 보게 된다. 예를 들어, '다섯 시부터 회의를 시작한다'라고 분명히 전달했는데도 다섯 시 10분이 되어서야 아무렇지도 않게 어슬렁어슬렁 들어오는 것이다. 다섯 시라고 하면 '다섯 시 정각'이 아니라 '다섯 시쯤'이라고 감각적으로 받아들이기 때문이 아닌가 싶다. 이 '감각적 사고 방식'이 골칫거리이다.

그렇다면 '네 시 55분'에 회의를 시작한다고 설정해버리는 것이 어떨까? 이 '55분'이라는 세밀한 시간 설정이 시간의 엄밀성을 환기시켜주는 심리적인 효과가 있으리라 생각한다.

이와 더불어 중요한 것이 종료 시간이다. 종료 시간을 확실하게 정해두고, 그때까지는 반드시 결론을 내리도록 한다.

타임 리밋, 즉 제한 시간의 효과는 다양한 형태로 응용할 수 있다. 마감 시간에 쫓기면 집중력을 십분 발휘하여 짧은 시간에 결론을 끌어내는 경우를 종종 접한다. 따라서 일이든 공부든 마감 시간에 쫓길 때 집중력을 발휘하여 빨리빨리 척척 해치우는 것처럼, 회의에도 마감 시간을 정해 집중하여 일을 처리하고 회의를 정확하게 끝내는 게 좋다.

한 시간으로 설정했던 회의 시간이 30분을 넘어, 때로는 한 시간 이상이나 연장되는 경우가 자주 있다. 그만큼 많은 시간을 들여 토의한 것이니, 좋은 결론이 나올 것이라고 생각한다. 그러나 실제로는 그렇지 못하다. 이렇다 할 발전도 없이 회의 내용이 다람쥐 쳇바퀴 돌듯 돌기만 할 뿐이다.

이것은 회의의 마감 시간을 엄밀하게 설정하지 않은 데에도 원인이 있다. 이런 상태에서는 '시간은 얼마든지 있으니까' 하는 안일한 생각에 빠지기 일쑤이다. 또한 '어떻게든 이 시간 내에 결론을 지어야 하는데……'라는 진지함과 집중력이 결여되어 있기 때문이다. 그러므로 회의의 종료 시간은 정확하게 정해두는 것이 좋다. 예를 들자면 '다섯 시 55분까지 완전 종료'라는 식으로 정해져 있다면 참석자들은 '이 55분 동안만은 집중하자' 하는 기분이 들 것이다.

　시간을 길게 끌기보다는 짧은 시간 안에 진지하게 토의의 결론을 끌어내는 것이 더욱 효과적이다.

중요한 것은 인생의 기본 이념이다

　어느 건설 회사의 사장이 병환으로 갑자기 별세하자 사장의 장남인 Y 전무가 사장이 되었다.

　일류대학을 졸업한 Y는 상당한 이론가로서 학자적인 풍모가 지적인 면을 잘 드러내주고 있다. 그런데 건설 회사 사장으로는 어딘가 미덥지 못한 점이 엿보인다.

　Y는 말하는 태도나 일 처리 솜씨 등에서는 별다른 결점이 발견되지 않는다. 그러나 전체적인 분위기에서 매력이 몹시 부족했다. 왠지 불안한 마음이 들게 한다. 지적인 면모는 두드러지지만 전체에서 풍겨나오는 파워라든가 인간적인 매력이 다른 사람들에게 전달되지 않는다. 전 사장인 부친 같은 강한 힘이 느껴지지 않는 것이다. 인간으로서의 '그릇'이 아직 작기 때문이다.

전 사장은 대단한 카리스마를 지니고 있었기에 사원들은 늘 그의 앞에서 떨곤 하였다. 그러나 그런 가운데서도 사원들은 전 사장을 존경하고 몹시 신뢰하였다. 강인한 파워와 더불어 '인덕'을 지닌 인물이었기 때문이다.

경영의 조직이나 기술은 대단히 중요하다. 하지만 그것을 살리는 것은 역시 '사람'이다. 조직을 완비하고 새로운 설비나 기술을 도입하더라도 그것들을 움직이는 것 역시 사람이 아닌가.

그러므로 사업 경영에서는 우선 무엇보다도 필요한 사람을 구하여 그를 교육시키지 않으면 안 된다. 그러기 위해서는 어떤 방법이 좋을지, A씨는 이렇게 말한다.

"가장 중요한 것은 '이 기업은 무엇을 위해 존재하는가? 어떤 개념을 갖고 경영해가야 하는가?'라는 기본 이념입니다."

기본적인 사고가 확실해지면 거기에 입각한 지도 방침을 부하에게 전할 수 있다. 그런 것이 확립되어 있지 않으면 부하를 지도하는 데 일관성이 있을 수 없다. 그때그때마다 방침이 달라지거나, 아니면 순간의 감정에 따라 판단이 달라지기도 할 것이다.

경영 이념이란 종이에 쓴 단순한 '구호'가 아니다. 그것이 사원 한 사람 한 사람의 피가 되고 살이 될 때 비로소 살아나게 된다. 그러므로 평상시에 그것을 사원들에게 호소하여 지속적으로 침투시켜가는 것이 중요하다.

이것은 회사 경영에만 국한된 이야기는 아니다. 자기 '삶의 태도'에도 적용해보라. 당신의 '인생 기본 이념'은 무엇인가?

'테이크'보다는 '기브'

　'인간이란 자신에게 큰 지장을 초래하지 않는 범위 내에서 가능한 한 남에게 친절하게 보이기를 원한다.'

　어느 소설에 나오는 구절인데, 남에게 친절을 베푸는 것 자체보다는 그런 행동에 의해 자신이 커보이는 것에 대해 더 뿌듯한 기분을 느끼는 것을 의미한다.

　한편 이와는 반대로, 다른 사람의 악담을 하거나 남의 가슴에 상처를 주면서까지 비난과 욕설을 퍼부어대는 사람도 있다. 또한 남의 결점을 들추어 수치를 느끼게 하고는 그것을 못내 즐거워하는 사람도 있다. 다른 사람을 깎아내림으로써 자신을 대단한 인물처럼 착각하는 사람도 적지 않은 세상이다.

인간에게는 타인의 행복을 기뻐하는 마음이 있는 것과 동시에, 경우에 따라서는 타인의 불행을 기뻐하는 일면이 존재한다. 인간이란 그런 모순 위에서 살고 있는 존재다.

이처럼 인간에게는 냉혹한 일면이 자리잡고 있다. 다른 사람은 뼈아픈 실패를 당해 죽고 싶은 심정인데, 그것을 내심 기뻐하는 것이다. 그런가 하면, 라이벌이 성공하면 질투와 시기심에 가슴을 태우기도 한다.

하지만 이런 본성을 그대로 방치만 한다면 자기 발전에 아무런 플러스가 되지 못한다. 자신이 밝고 적극적인 사고의 소유자가 되기를 원한다면 타인의 좋은 면을 인정해주어야 한다. 그리고 밝은 표정으로 다른 사람을 칭찬해주도록 노력해야 한다.

남의 결점을 들추어낼수록 자신이 우월하다고 느끼는 사람이 있다. 하지만 그것은 착각에 불과할 뿐, 결과는 완전히 정반대이다. 남의 악담을 듣고 있는 상대는, 그 당시는 즐거운 듯 응수해 줄지도 모른다. 그러나 타인의 악담을 늘어놓는 당신의 비열함에 진저리를 치고 다른 데 가서는 당신에 대한 험담을 해댈지도 모른다.

'남을 비하시키는 자는 자신도 비하된다.'

이 말을 항상 염두에 두라.

남에게 친절을 베푸는 것은 아름다운 일이다. 그러나 '저 사람에게 친절히 대해주면 내가 곤란할 때 도와주겠지' 하는 속셈으로 베푸는 친절은 좀 생각해볼 문제다. '곤경에 처할 때가 올지도 몰라'라는 예상은 '곤경에 처할 때'를 불러들이기 십상이다. 앞에서도 언급했듯이, 그것이 '인과의 법칙'이기 때문이다.

줄 때는 기쁨으로, 한껏 베풀어주는 것이 중요하다. 돈에 여유가 있다면 돈이나 물질로 곤궁한 자를 도울 수 있다. 그러나 줄 수 있는 것은 반드시 돈이나 물질만은 아니다. 아무렇게나 흩어져 있는 다른 사람의 구두를 가지런히 정리해주는 것도 마음에서 우러나오는 친절이다.

낙심하고 곤궁에 처한 사람에게 해주는 진심에서 우러나오는 따뜻한 말 한마디는 커다란 위로가 된다. 이런 것이야말로 아름다운 친절의 표본이라 할 것이다.

'남에게 베풀면 자신이 커진다'라는 말을 명심하기 바란다.

긍정적인 사람을 내 편으로 만들어라

'인간은 앞을 보고 있는 것 같아도 실상은 뒤를 보고 있다'라는 말이 있다. 매사를 적극적으로 생각하는 듯하나 아무래도 소극적인 방향으로 흐르기 쉽다는 의미가 아닐까 한다.

적극적인 사고방식과 소극적인 사고방식은 뇌의 움직임이 전혀 다르다고 한다. 밝은 쪽으로 생각하면 기분도 즐겁다. 그러므로 혈액순환이 원활해져 몸의 컨디션도 좋아진다. 집중력도 증가되므로 좋은 아이디어도 곧잘 떠오른다.

이와는 반대로 어두운 쪽으로 생각하게 되면 무엇보다 우선 불안이 크게 자리 잡는다. '이래도 안 되고 저래도 안 돼. 무엇 하나 잘되어가는 것이 없어'라는 식의 걱정에 사로잡힌다면 머릿속만 혼란해질 뿐이다.

이런 상태에서는 그 어느 것도 잘되어갈 리가 만무하다. 하는 일마다 고역을 면치 못하는 악순환을 거듭할 것이다. 이런 사람은 대체로 몸의 컨디션도 좋지 못하다. 늘 위장 상태가 나쁘거나 두통이 떠나지 않을 것이다.

회사 인사과로부터 지방으로 전근 명령을 받았다고 하자.

'젠장! 그런 시골 구석에 처박히게 되다니! 나는 운이 정말 없다니까' 하고 부정적으로 받아들이는 사람은 '마이너스 사고형'의 인간에 속한다. 이런 사람은 시간이 흘러도 출세를 못할 타입이라고 할 수 있다.

현재 회사 고위직에 앉아 있는 사람은 지금까지 탄탄대로만 걸어왔을까? 전근에 또 전근을 되풀이하고, 때로는 상사에게 뼈아픈 소리도 들었을 테지만, 꿋꿋하게 모든 시련을 이겨내고 지금의 위치에 올라와 있는 것이리라. 이런 사람은 예외없이 '플러스 사고형' 인간이다.

인생의 행불행이 그 상황에 의해 결정되는 것은 아니다. 자기 마음 하나에 달려 있음은 누구나 익히 아는 사실이다.

따라서 전근 명령을 받았더라도 플러스 사고형 인간은 그것을 달리 받아들인다.

'지방도 나쁘지는 않지. 거기 실적이 좋을 리 없으니까, 조금만 실적을 올려도 두드러져 보일 거야. 이번이 두각을 나타내기에 안성맞춤의 기회일걸. 이런 도시와 비교한다면 공기도 좋고 다소 여유롭기도 할 것이고, 그렇다면……' 하고 적극적으로 받아들이는 것이다.

　못마땅한 태도로 마지못해 매사에 임한다면 새로운 길이 열릴 리 만무하다. 처음에는 본심이 아닌 연기라도 좋으니까 낙천적으로 행동하여 긍정적 사고방식을 몸에 익히자.

　그리기 위해서라도 가능한 한 적극적인 사람과 교제하는 것이 바람직하다. '유유상종'이라는 말도 있지 않는가.

친절은 성공의 끈이다

'친절親切'이라는 한자를 보면, '친親'을 '끊는다切'고 되어 있다. 왜 그렇게 쓰는 것인지 그 의미를 잘 몰랐다. 그러나 다시 잘 살펴보니 '정성껏切 잘 대한다親'라고 해석하는 것임을 깨달았다.

사람들을 정성껏 잘 대하기 위해서는 말이 필요하다. '친절'은 말로 할 수 있는 것이다. 남에게 친절한 말을 건넨다는 것, 이렇게 선한 말은 인생의 보배이다. 다른 사람이 낙심하여 의기소침해 있을 때 기운을 돋워주는 말을 건네는 것이야말로 진정한 의미의 훌륭한 친절이 아닐까.

"나는 돈도 없고 사는 데 바쁘고 지쳐서 남에 친절을 베풀 만한 여유가 없다."

이렇게 말하는 사람도 많다. 그러나 이것은 잘못된 생각이다.

너무 돈이나 물질에만 얽매인 나머지 잘못된 판단을 하고 있는 것이다.

사람은 자신이 가진 것이 없을 때 남에게 계속 돈이나 물질을 받게 되면 그것을 바라는 버릇이 생겨서 상대에 대한 의타심이 강해지게 된다. 이런 일은 도리어 그 사람을 타락시키는 결과가 되기도 한다.

석가는 친절한 말을 '애어시愛語施'라고 가르치고 있는데, 이는 '무재칠시無財七施, 재물이 없어도 남에게 베풀 수 있는 7가지 방법' 중 하나이다. '무재無財', 즉 돈이나 재물이 아닌 '선한 말'로 남을 대하라고 가르치고 있는 것이다. 선한 말을 하게 되면 그 말에 의하여 자기 자신도 선하게 변화하게 마련이다.

우리는 곤경에 처한 사람에게나 나약한 사람에게는 친절을 베푼다. 그렇다면 강자나 많은 것을 누리고 있는 사람에 대해서는 어떠한가? 그들에게도 친절하게 대하고 있는가?

아니다! 우리에게는 강자에 대해서는 비난하고 싶어 하는 습성이 있다. 한창 부를 쌓거나 성공 궤도를 달리는 사람한테는 단점을 찾아 추궁하거나 악담을 하고 싶어 하는 경향이 있다.

자신의 상사나 높은 지위에 있는 사람에게 친절히 대하는 것을 비위나 맞추는 것이라고 오해하고 있지는 않는가?

우리는 약자든 강자든, 부자든 가난뱅이든, 잘나가는 사람이든 경제적 파탄을 맞은 사람이든, 상사든 부하든, 누구에게나 평등하게 친절을 베풀 수 있어야 한다.

약자나 곤경에 처해 있는 사람에게만 편중하여 친절을 베푼다면 약자들만 자기 주위에 몰리게 된다. 이것이 '유유상종'의 자연법칙이다.

그러나 이러한 상황에서는 자신의 발전을 기대하기가 어렵다. 부자를 인정하고, 그의 성공을 솔직하게 칭찬해줄 수 있어야 한다. 그러한 마음가짐이 자신을 크게 만들어주기 때문이다.

성공하고자 한다면 약자에게든 강자에게든, 누구에게든 똑같이 친절을 베풀라. 그게 바로 진정한 친절이다.

가화만사성이 성공을 부른다

남편이 부자가 되는가의 여부는 아내에게 달려 있다.

동서고금을 살펴볼 때 부자들 뒤에는 반드시 '양처良妻'가 있다. 아무리 능력 있는 남자라도 '악처'를 아내로 맞아들이면 부자의 길로 들어서지 못한다. 물론 예외도 있지만, 대체로 악처는 남편의 부의 원천을 말려버린다 하여도 과언이 아닐 것이다.

그런데 악처 탓만 아니라, 남자 쪽에도 책임은 있다. 아내만 나쁜 것은 아니다. 흔히 "내가 출세를 못하는 것은 아내의 내조가 부족하기 때문이다"라고 탄식하는 남편들이 있는데, 이것은 아주 잘못된 착각에 불과하다.

자신만 옳고 아내는 나쁘다고 단정 지을 수는 없는 것이다. 악처를 얻어 탄식하는 남편 역시 그 자신도 그만큼의 '그릇'밖에 되지 않는다는 사실을 명심해야 한다.

자신이 선택하였다는 원인이 있었기에 현재의 결과가 생긴 것 아닌가. '인과의 법칙'이 여기서도 적용되는 셈인데 '부창부수夫唱婦隨', 즉 서로 비슷한 부부인 것이다.

대단한 여자를 아내로 삼고 싶어도 남자에게 그런 '그릇'이 준비되어 있지 않다면 결코 이룰 수 없는 꿈에 불과하다. 설령 운 좋게 부부의 연을 맺었다 하더라도 그리 오래 지속될 수 없을 것이다.

이것은 여성의 입장에서도 마찬가지다. 이상적인 남성을 만날 수 있는지의 여부는 자신의 '그릇'에 달려 있다.

이혼 가정의 남편은 "아내가 악처였어. 난 운이 나빴다고"라고 변명한다. 하지만 그것이 전부일까? 원인은 자신에게 있음이 명확하다. 남편의 마음 자세가 나빴을 것이다. 자신의 마음은 고치려 하지 않고 또 다른 여성과 재혼하는 것으로 탈피하려 한다면 다시 시작한 가정생활 역시 행복할 수 없을 것이다. '나만 옳고 아내는 나쁘다'라는 사고방식을 지니고서는 또 거기에 걸맞은 악처와 인연을 맺게 될 것이 분명하기 때문이다.

부부가 저마다 원인은 자신에게 있다고 생각할 수 있는, 너그럽고 관용 있는 '그릇'을 지닐 때 서로 화목하게 지낼 수 있다.

상대의 소리를 귀에 담아라

어느 청년이 나에게 도움을 청했다.

"저는 말을 잘 못해서 항상 손해를 봅니다. 그래서 웅변학원 같은 데 다니면서 스피치를 배우려고 하는데, 선생님은 어떻게 생각하십니까?"

내 대답은 이랬다.

"달변가 둘이서 이야기를 나눈다면 어떻게 되겠습니까? 그들은 자기 이야기에 열중하여 상대방의 이야기를 들어줄 마음의 여유가 없을 것입니다. 그 때문에 서로가 상대에 대해 못마땅하게 여길 것이 당연하지요. 자기 이야기를 귀 기울여 들어주지 않으니까 불쾌할 수밖에요. 그런 만큼 자신의 이야기에 일일이 수긍해주면서 열심히 들어주는 사람과 만나게 되면 몹시 기뻐합니다.

달변가뿐만 아니라 사람들은 누구든지 자기 이야기를 잘 들어주는 사람에게 호감을 갖게 되어 있습니다. 그러니까 말주변이 없다고 그렇게 걱정할 필요는 없다고 생각합니다. 남보다 상대의 이야기를 잘 들어줄 수 있는 장점이 있으니까요."

청년은 잘 이해가 가지 않는 표정이었다. 그는 뭔가를 말하고 싶어 했으나 말이 잘 나오지 않는 모양이었다. 그는 정말 천성적으로 말주변이 부족한 사람인 것 같았다.

그래서 "말을 잘하기 위해서 일시적인 공부를 하더라도 효과는 기대할 수 없을지도 모릅니다" 하고 미리 못박아두고 이야기를 계속했다.

"그 말주변이 없다고 하는 마이너스를 역이용하여 플러스로 만들면 좋지 않겠습니까? 이 플러스 방향이라는 것이 사실은 '잘 들어주는 것'입니다."

잘 들어주는 것이 그의 입장에서 볼 때 쉬운 일일 것이며, 이 것이라면 앞으로도 계속해서 가능한 일일 것이다.

'달변가'라든가 '말주변이 없는 사람' 따위의 구분은 도대체 어디에 기준을 둔 것일까? 말을 청산유수로 끊임없이 하는 사람을 달변가라고 할까? 아니면 줄줄 흘러내리듯이 유창하게 말하는 것을 뜻할까?

설득을 목적으로 한 경우를 생각해보자. 아무리 유창하게 이야기하더라도 상대를 설득시키지 못한다면 이야기를 잘한다고 할 수 없다. 세일즈의 경우, 이쪽에서 아무리 유창한 세일즈 화술을 늘어놓더라도 상대가 호응해주지 않거나 상품을 사주지 않는다면 모두 허사이다.

즉, 이야기를 잘한다, 못한다는 것은 목적 달성의 여부에 의해 결정되는 것이다. 어떤 경우라도 반드시 '달변형'이 좋다고 말할 수는 없을 것이다. 오히려 '잘 들어주는 형'이 호감을 살 수 있지 않겠는가?

진정한 소통으로 관계를 뚫어라

"지난달에 아내와 함께 싱가포르에 갔었는데……."

"싱가포르요?"

"아내는 이번 해외여행이 처음이었지요."

"아하, 처음이었군요."

"네, 그래서 몹시 흥분하더군요. 마치 애들 같았다니까요."

"애들같이 흥분했다구요?"

"글쎄, 그렇다니깐요."

이 대화에서 말대답을 해주는 사람은 싱가포르에 갔던 적도 없고 그 부인과도 안면이 없다. 그런데도 대화는 원활하게 술 진행되고 있다. 대화의 내용도 특별한 것이 없고, 상대가 이야기 내용을 반복하고 있을 뿐인데 말이다.

하지만 가만히 살펴보면 그것은 아주 적당히 맞장구를 쳐서 이야기하는 사람의 흥을 돋워주고 있는 것임을 알 수 있다.

정반대의 경우도 많다. 이야기 내용을 잘 이해하지 못해서 묵묵히 있거나, 자칫 섣불리 말을 꺼냈다가는 자신의 무지가 드러날까 봐 말없이 고개만 끄덕이는 사람도 있다. 소극적인 사람들이 대개 그렇지만, 이런 상대와 이야기를 나누다 보면 어쩐지 답답한 느낌이 든다.

자기가 잘 모르는 화제더라도 상대방 이야기 중 일부만 반복해보라. 그것만으로도 아주 적절한 맞장구가 될 것이다.

소극적인 사람은 '풍부한 지식'이나 '능숙한 언변'이 없으면 대화를 잘 이끌어가지 못한다고 생각한다. 하지만 결코 그런 것은 아니다. 상대방 말을 되풀이하며 편안하게 대화를 진행시키면 되는 것이다.

그 경우 "그렇군요" 하는 말 따위를 말머리에 꺼내면 상대는 더욱 흥겨워할 것이다. 또는 "아니, 그게 정말입니까?"라든가 "어째서 그렇죠?", "와아, 정말 그 정도란 말이죠?" 등등 가벼운 놀람의 말을 덧붙이면 상대는 '내 이야기를 열심히 들어주고 있구나' 하는 심정이 되어 대화에 더 열중하게 된다.

J는 식품 회사를 20년 가까이 운영하고 있다. 그 20년 동안 J가 깨달은 것은 사원들과의 신뢰관계의 중요성이라 한다. 그리고 신뢰관계를 배양시키는 포인트는 최고경영자인 사장의 자세라고 거듭 강조하였다. 경영자는 사원들의 이야기에 열심히 귀를 기울

일 줄 알아야 한다. 설령 자신이 이미 알고 있는 이야기를 하더라도 열심히 들어주어야 하는 것이다.

"그 이야기라면 지난번에 들었으니까 생략하고, 이제 다른 얘기를 해보게."

이렇게 딱 잘라 말해버리면 사원은 그야말로 얼음, 아무 말도 꺼낼 수 없게 된다.

사원과 상사와의 사이에 원활한 소통이 이루어짐으로써 상호 의견을 나눌 수 있는 분위기가 조성되어야 한다. 이것은 비단 비즈니스 사회에만 국한된 이야기는 아니다. 우리의 일상생활에서도 마찬가지다.

말들이 '탄환'이라면, 신용은 탄환 속에 장착된 '화약'이다. 화약이 없으면 탄환은 쏘아지지도 않는다.

입 조심, 말 조심

'한 번 내뱉은 말은 주워담지 못한다'는 격언이 있다. 말 한마디 한마디에 신중을 기하라는 교훈이다.

그러고 보면 일상생활에서 마음에 짚이는 것이 많다. 예를 들어, 해서는 안 될 말을 하여 상대를 화나게 한 경우, 상대방의 성난 표정을 보고서야 비로소 '앗, 잘못했구나' 하는 생각이 퍼뜩 들기도 한다. 그럴 때 내뱉은 말은 주워담지 못함을 아무리 상기해도 이미 버스는 떠난 뒤이다. 상대가 서슬이 퍼렇게 흥분해 있을 때 서툰 변명이라도 하면 더더욱 상대를 노하게 할 뿐이다.

신문이나 텔레비전 뉴스에서는 매일같이 피비린내 나는 사건이 보도되고 있다. 자식이 자기 부모에게 주먹질을 하거나 술집에서 함께 술을 마시던 동료끼리 싸움을 하다 살인을 벌이는 등등……. 이런 끔찍한 사건을 자세히 관찰해보면 모두가 내뱉은 말이 주원인이다. 최민식, 유지태 주연의 미스터리 영화 〈올드보이〉도 그 '내뱉은 말'이 모든 것의 주범이다.

이것이 현실이다. 말이 인간을 죽이는 흉기로 변해버린 것이다.

사람은 남에게 경멸당했다고 느꼈을 때 가장 화가 난다. 자아나 자존심에 상처를 입었을 때 분노를 폭발시키게 되는 것이다. 그러나 대개는 그렇게 마구 분노를 표면에 노출시키지 않는다. 머리끝까지 성이 나는 일이 있어도 짐짓 꾹 눌러 참고 있는 것이다. 그런 상대방 기분을 계속 거슬리게 하면 어찌 될까? 상대는 분노의 감정을 참고 참았던 만큼 일단 그 감정이 폭발하면 도무지 걷잡을 수가 없다. 속수무책일 경우는 살인이라는 최악의 형태로까지 번질 수 있는 것이다.

상대가 흥분 상태일 때는 그 원인을 파악하거나 대응책을 찾는 것은 나중 일이다. 그보다 그 자리에서는 상대방 이야기를 전부 들어주어 안심시키는 편이 바람직하다.

예를 들어, 상사에게 몹시 혼이 나고 벌겋게 흥분하고 있는 젊은 사원이 있다고 치자. 그에게 당신은 어떻게 대응하겠는가?

"그래, 속상하지? 자네는 하느라고 했는데 부장님이 너무 몰라주시는 것 같아. 자네 맘, 이해해. 나도 한두 번 당해본 것 아니니깐."

이렇게 동조해주면 상대방도 차츰 안정을 찾을 것이다. 별것 아닌 방법 같지만 이것이 최고의 방법이다.

말과 행동에 신중하라. 당신의 모든 활동 분야에서 당신이 확실하다고 믿는 것만 생각하고 말하고 행동하라.

문젯거리를 즉각 제거하라

인간은 복잡한 일에 직면했을 때 대처하는 방법이 각기 다르다. 어떤 사람은 운에 맡기는가 하면, 어떤 사람은 그 문제를 날카롭게 분석하고 대처 방법을 찾는다.

당신은 어떻게 대처하고 있는가? 여기에서 한 가지 분명한 사실은, 부자들은 어떤 문제에 봉착했을 때 신속히 그리고 날카로운 시각으로 문제점을 분석할 줄 안다는 것이다.

실제로 어떤 문제든 해결이 불가능한 일은 없다.

다음은 문제를 해결하는 데 갖추어야 할 기본적인 자세이다. 항상 아래 사항을 유념하기 바란다.

첫째, 어떤 문제라도 자기 스스로의 힘으로 해결할 수 있다고 믿는다. 그러한 확신을 가지고 노력한다면 문제점은 반드시 해결된다.

둘째, 이성을 갖고 문제를 대하라. 무슨 일이든 감정이 개입되면 이성을 유지하기 힘들 뿐만 아니라 문제점을 정확하게 찾아내기도 어렵다. 또한 긴장된 상태로는 판단이 흐려질 수 있으므로 편안한 기분으로 문제에 대처해야 한다.

셋째, 무리하게 서둘러 답을 얻으려고 초조해하지 말라. 때가 되면 문제는 분명해진다.

넷째, 되도록 많은 정보를 조사하고 분석해두라. 그리고 제삼자의 입장이 되어 그 문제에 대해 판단하도록 노력하라. 그래야만 편견 없이 정확한 해답을 얻을 수 있다.

다섯째, 지금까지 파악된 모든 자료를 메모지에 옮겨보라. 잘 정리된 자료를 보면 더욱 명료한 해답을 얻을 수 있을 것이다.

여섯째, 자신의 통찰력과 직관의 능력을 믿어라. 그리고 신념을 가지고 자신을 믿으면 문제에 대한 답이 마음속에 떠오를 것이다. 그것을 토대로 조리 있게 풀어나간다면 문제점이 어떤 것이든, 어떤 결과가 나타나든 상관없이 최선의 선택을 한 것이다. 그렇기 때문에 그 결과에 어떤 후회도 없을 것이다.

마감 일을 칼같이 지켜라

벽돌공 세 사람이 땀을 흘리며 일을 하고 있었다. 누군가 세 사람에게 다음과 같은 질문을 던졌다.

"여기서 뭘 하고 계십니까?"

그러자 세 사람의 대답이 각각 달랐다.

"보시다시피 벽돌을 쌓고 있습니다."

"일당을 벌기 위해 일하고 있습니다."

그런데 마지막 벽돌공은 질문을 받자 꿈을 꾸듯 밝은 표정으로 하늘을 우러러보면서 대답했다.

"여기에 근사한 건물을 짓고 있습니다. 영원히 후세에 남을 대성당 말입니다. 이곳 사람들 가슴에 오아시스가 될 대성당이지요. 전 그걸 위해서 부지런히 벽돌을 쌓고 있는 중입니다."

앞의 두 사람은 이렇다 할 목적도 없이 그날그날을 살아가는 인생이기 때문에 일생 동안 큰 빛을 볼 수 없을 것이다.

하지만 마지막 벽돌공은 현 상태에 머무르지 않을 것이다. 사실 그는 벽돌공을 하면서 야간학교에 다니고 있었고, 건설과 설계 공부를 하고 있었다. 그리고 일류 건축가가 되기 위해 다음 해에 자격시험을 치를 계획이었다. 아마도 그는 반드시 그 목적을 달성하여 명성을 얻고 성공할 것이 틀림없다.

목표를 정하고, 그것을 위해 노력하는 과정에
인간의 행복은 존재한다.

인생에서 목표 설정이 얼마나 중요한지 말해주는 교훈이다.

동서고금의 발명, 과학적인 발견, 기술 개발, 사업의 성공 등등에는 공통점이 있다. 그 주인공들이 '명확한 목표'를 지니고 있었다는 것이다. 그 때문에 그것들이 실현될 수 있었다.

우리 인생에서 목표 설정은 무엇보다 중요하다. 프로 세일즈맨들은 다음과 같은 말을 한다.

"우리는 '어떻게 하면 실적을 더 올릴 수 있을까'만 생각합니다. 그러나 그저 단순히 실적 상승만 외쳐서는 실적이 올라가지 않습니다. 따라서 상세한 숫자와 마감 일을 엄밀하게 설정합니다. 그렇게 하면 강한 힘이 솟구치며 잇달아 목표를 달성해갈 수 있습니다. 특히 마감 일이 박두해서는 그 기세가 대단합니다."

이 자기 조절의 노하우는 모든 사람에게 적용시킬 수 있을 것이다. 자기 목표 실현을 위해서 '구체적인 숫자나 마감 일'을 엄격하게 설정해두는 것이 중요하다. 막연한 공상만으로는 실현이 언제쯤 가능하게 될지 알 수 없기 때문이다.

모든 것 중에서 가장 중요한 목표를 세우고 그것을 캘린더로 만든다. 매일 하루를 마감하는 시간에 내일을 위한 중요 사항을 설정해두는 것도 좋다.

잠재의식을 깨워라

'인간에게는 두 개의 의식이 있다.'

정신분석학의 창시자인 프로이트의 학설이다.

그 하나는 '현재의식'이다. 평상시의 의식적인 사고를 가리킨다.

우리는 텔레비전을 보거나 신문을 읽거나 다른 사람과 이야기를 하는 일상생활 속에서 여러 가지를 느끼고 생각한다. 그런 의식적인 사고를 말한다.

달다, 짜다, 아프다, 가렵다, 뜨겁다, 차갑다 등의 지각도 현재의식에 속한다. 프로이트는 "현재의식은 인간의 마음속에 불과 10퍼센트 정도밖에 차지하고 있지 않다"고 주장한다. 그러면 나머지 마음 90퍼센트의 정체는 과연 무엇일까?

프로이트는 그것을 '잠재의식'이라 부른다. 우리가 의식하지 못하는 것으로, 우리의 행동 대부분을 지배하는 놀라운 힘이 바로 '잠재의식'이다.

예를 들어, 길을 걸을 때 우리의 현재의식은 '오른쪽 발아, 앞으로 나가라. 왼쪽 발아, 앞으로 나가라' 하고 일일이 명령하지 않는다. 그래도 무의식적으로 손발을 움직이며 걸어가게 되는 것이다.

끊임없이 수축과 이완을 계속하고 있는 심장, 폐의 호흡이나 위장의 소화작용 등 우리 신체의 모든 기관도 이처럼 무의식적으로 활동하고 있다. 이것들은 '무의식'이 우리의 신체를 지배하고 있다는 증거이다. 잠재의식도 이와 동일하다.

자동차 운전을 예로 들어보자. 처음 한동안은 움직임이 어색하다. 현재의식의 명령으로 손발을 움직이고 있기는 하지만 생각처럼 운전이 되지 않는다. 그러나 차츰 숙달되면 손발을 무의식적으로 움직여 운전을 자유자재로 할 수 있게 된다.

잠재의식은 훈련에 의해 그 능력을 몇 배나 증폭시킬 수 있다. 또한 잠재의식이란 몇 번이고 반복적으로 마음에 또렷하게 새겨 놓은 것은 반드시 실현하고 마는 '만능의 힘'을 지니고 있다고도 한다.

어떤 남자가 이러한 잠재의식을 알고 있어서 '난 부자가 될 수 있다'라는 소원을 몇 개월 동안 마음에 새겨보았다. 하지만 그는 여전히 가난하였다.

그렇다면 그는 자기 마음속에 거짓말을 한 셈이다. '부자가 될 수 있다'고 마음속에 새겼다고는 하지만 그 한구석에 '그렇게 간단하게 부자가 될 리는 없어' 하고 생각하고 있었기 때문일 것이다. 이렇듯 잠재의식은 본심밖에 받아들이지 않는다. 그러므로 거짓 신념은 실현되지 않을 것이 당연하다.

잠재의식의 힘을 살리기 위해서는 자신에게 거짓말을 하지 않는 것이 중요한 포인트이다.

분명한 목표로 성공을 정조준하라

'소원'과 '목표'의 차이를 미처 깨닫지 못하는 사람이 의외로 많다.

'해외여행을 가고 싶다'고 생각하는 것은 소원이다. 그러나 '해외여행을 꼭 가자'라고 결심하는 것은 목표이다. 다시 말해, 목표에는 자기 의지가 들어가 있다. 게다가 현실성도 있다.

'성공하는 사람은 소원과 목표의 차이를 알고 있다'라는 말은 충분히 수긍이 가는 명언이라 생각한다. 아무리 사소한 일이더라도 그것을 이루고자 하는 자세가 중요하기 때문이다.

예를 들어, 매일 아침 일어났을 때 '오늘은 그 일만은 꼭 하자'라고 자발적으로 목표 설정을 하고 그날 중으로 반드시 이룬다는 식이다. 그때의 포인트는, 가능한 한 구체적으로 생각하고 실행에 옮기는 것이다.

'오늘 일이 끝나면 가족들을 데리고 그 음식점에 꼭 가야지. 거기 고기 맛이 최고라고 하니까'와 같이 사소한 목표라도 좋다. 요컨대 매일 하나라도 좋으니 '확실하게 처리할 수 있는 목표'를 설정하여 행동에 옮기는 것이다.

다른 사람이 들으면 웃을지도 모를 하찮은 일이라도 좋다. 매일매일 작은 목표라도 나름대로 계속 이루어나가는 것이 중요하다.

스케줄은 사람마다 자기 속도와 의지대로 진행한다. 하지만 그것이 진짜 자기 속에서 우러나온 의지로 진행되고 있는가가 문제이다.

예를 들어, 직장인은 '회사에 도착 즉시 K 회사에 전화를 걸어 납기일을 확인하고 난 다음, Y 회사에 제출할 견적서를 작성하고, 열 시부터는 경영회의에 출석, 오후에는……'이라는 식의 스케줄로 하루가 진행되어야 한다. 이러한 스케줄은 모두 '안 하면 안 되는 것'에 대한 계획이다. 따라서 단순히 그것들을 해치우는 것에 불과하다. 자기 실현을 위한 자발적인 의지는 거의 찾아볼 수 없다.

매일 하나라도 좋다. 자기 의지에서 우러나오는 작은 목표를 확실하게 의식하기 바란다. 그것 자체가 적극적인 행동을 촉구시키는 원인이 되기 때문이다. 또한 현실에서 그것이 달성되지 못하더라도 행동으로 옮겨보는 적극성이 몸에 밸 것이며 그것만으로도 당신에게 큰 도움이 될 것이다.

　당신의 목표를 부정적이거나 냉소적인 사람들과 의논하지 말라. 진정으로 당신에게 관심이 있고, 당신의 목표 달성을 돕기 원하는 사람과 함께 나누는 것이 좋다. 승리자들의 충고 또한 겸허히 받아들이자.

명언, 속담은 인생의 매뉴얼이다

'오늘까지 나 자신을 이끌어온 힘은 내일도 변함없이 나를 이끌어줄 것이다.'

어느 소설에 나오는 글귀인데, 모임에서 별안간 연설을 요청받았을 때 첫머리에 사용하면 좋을 것이다. 이런 '명언'이나 '속담'을 말의 서두에 꺼내면 상대방의 주의를 끌 수 있기 때문이다. 명언이나 속담 혹은 격언 등은 함축성이 있으므로 뒷말을 계속이어나가기가 쉬운 편이다. 책을 읽거나 다른 사람의 말을 듣다가 여운이 남는 글귀가 있다면 항상 수첩에 적어두는 습관을 갖도록 하자. 그리고 항상 그것을 지니고 다니면 좋다.

이런 함축성 있는 말을 준비해두면 다른 효용이 있다. 자신이 침체해 있거나 의기소침해 있을 때 이같은 말이 자신을 질책하고 격려하며 기운을 북돋워줄 것이다. 나는 다음의 말을 항상 좌우명으로 삼고 있다.

'막다른 길은 발전의 첫걸음이 된다.'
'인생에서 헛된 것이란 있을 수 없다.'

얼핏 소용없는 일처럼 여겨지더라도 긴 안목으로 본다면 결코 그렇지 않은 예가 많다. 그 소용없는 일로 여겨졌던 것이 결국에는 다양한 비료 구실을 하며 그 사람을 키워주는 것이다.

예를 들어, 병으로 쓰러졌다고 하자. 쓰러질 당시에는 본인은 자기 불운을 탄식하며 슬퍼할 것이다. 탄식하고 슬퍼함으로써 병이 낫는다면 더욱 탄식하고 슬퍼하라. 하지만 그럴수록 더더욱 기분이 침체될 뿐만 아니라 정신적으로도 몹시 쇠약해질 것이다.

그러므로 자신에게 닥친 일은 긍정적으로 받아들이고 거기에 따르라. 그렇게 하면 이상하게 마음이 밝아진다. 그리고 거기에서 뜻하지 않은 길이 열리기도 한다.

오늘까지 나 자신을 이끌어온 힘은
내일도 나를 이끌어줄 것이다.

어려운 난관을 극복해온 사람이라면 찡하게 가슴에 와닿는 말일 것이다.

★

앎으로 두려움을 극복하라

'돌다리도 두들겨 보고 건너라.'

무엇보다도 신중하라는 격언이다. 그런데 오래 전 일본에서 나온 책 제목이 『돌다리를 두들기면 건널 수 없다』였다.

상당히 오랫동안 베스트셀러가 된 것으로 기억하는데, 그 말을 자신의 좌우명으로 삼는 사람이 수도 없이 생겨날 만큼 대단한 관심을 불러일으켰던 책이다.

이 책의 저자는 일본 최초로 남극관측대의 대장을 역임한 사람이다. 그가 귀국했을 때 질문을 받았다.

"남극에서 지내면서 가장 두려웠던 것이 무엇이었습니까?"

그는 대답했다.

"미지未知가 가장 두려웠습니다."

내일은 얼마나 세찬 바람이 불어닥칠까, 추위는 어느 정도일까 등등 어떤 것이든 도저히 예측할 수 없는 상황이기에 생기는 두려움이었다. 그리고 그는 또 말했다.

"모든 일을 해나갈 때, 최초와 두 번째와는 하늘과 땅만큼 차이가 있었습니다. 그러나 두 번째와 세 번째는 별 차이가 없었습니다."

이 말은 무지에서 오는 두려움과 시련의 중요성을 강조하고 있다.

그 증거로, 첫 번째 대원들은 가족들과 눈물로 이별을 하고 출발하였다. 살아서 돌아올 수 있을지조차도 알 수 없는 상황이었고, 또한 어쩌면 다시는 만날 수 없을지도 모른다는 두려움이 앞섰기 때문이다. 그만큼 미지의 세계였던 것이다. 그러나 두 번째 이후의 대원들은 미지에 대한 불안은 없었다. 잠시 동안 해외여행에 나서는 기분으로 가족들의 전송을 받았다고 그는 말한다.

인간은 자신의 안전지대에서 편안히 지내고 싶어 하기 때문에 새로운 일에 도전을 망설인다. 그리고 우리가 어떤 새로운 일을 시작하고자 할 때 미지에 대한 공포와 불안이 따르게 마련이다. 그러나 그것을 극복하고 나아갈 수 있는 용기가 정말로 중요하다. 그 용기가 없으면 언제까지고 자기 바람을 달성할 수 없기 때문이다.

Part 4

∙

좋은 습관
내 삶을 바꾼다

신용은 성공의 안전장치다

정상을 목표로 한다는 것은 결코 나쁜 일이 아니다. 그러나 그 목적을 위해 부당한 삶을 살아간다면 큰 잘못을 범하는 것이나 다름없다.

흔히 다른 사람을 속이거나 울리고 짓밟으면서까지 최고의 정상을 향해 질주하려는 사람을 볼 수 있다. 이와 같이 '나만 행복해질 수 있다면……' 하는 사고방식으로 돈이나 지위 따위를 손에 넣으려 하지만, 결국 그것은 사상누각에 불과할 뿐이다. 한 차례 강풍이 불어닥치면 깨끗이 붕괴될 것이다.

'자신만 행복해질 수 있다면'이라는 식의 계산이 아니라, 어떻게 하면 다른 사람도 기쁘게 해줄 수 있을까를 항상 염두에 두는 사람이 되어야 한다. 오로지 자신밖에 생각하지 못하는 사람의 그릇은 작기 때문에 아무리 벌어들이더라도 그 작은 그릇에는 다 담을 수가 없다. 드럼통만 한 재산을 욕심을 부려가며 작은 컵에 들이붓는 격이다. 그러면 결국 남는 것이라고는 컵 한 잔 분량의 재산뿐이다.

이것이 자연의 법칙이다. 세상 돌아가는 현상을 잘 관찰해보면 반드시 그렇게 됨을 알 수 있다.

지인 중에 돈벌이에 관한 문제를 연구하는 이가 있다. 한 회사의 P 상무이사다. 그는 돈과 재산에 대해 다음과 같이 분석하고 있다.

① 실유實有 재산 : 현금
② 조유助有 재산 : 부동산, 주식 등
③ 세유勢有 재산 : 신용, 세력 등
④ 공유空有 재산 : 지식, 기술, 저작권 등

그는 이러한 재산에 대해 다음과 같이 말하고 있다.

"①에 가까울수록 속효성速效性이 있다. 그러나 그 반면에 가치가 없어지는 시간도 빠르다. 그리고 ④에 가까울수록 시간의 경과와 함께 가치가 커진다."

실유 재산, 즉 현금은 소유 자체만으로 본다면 시간의 흐름과 함께 가치가 감소할 뿐이다. 그러나 조유 재산인 부동산이나 주식은 돈을 만들어낸다.

그렇다면 진짜 부자가 되기 위해서는 어디에 투자를 해야 하겠는가? 그것은 두말할 것도 없이 세유 재산이다. 즉, 자기 신용이나 세력 같은, 눈에 보이지 않는 힘에 투자하는 것이다. 그것에 의해 돈을 만들어낼 수 있기 때문이다.

그러나 여기까지의 '재산'은 일순간에 사라져버릴 수도 있다. 그러므로 한 번 몸에 익히면 평생 동안 돈을 가져다주는 공유의 재산이 중요함을 인식해야 한다.

요컨대 부자가 되기 위해서는 '공유'를 우선으로 삼아야 하며, '세유→조유→실유'의 순서로 경계적인 풍요를 누리게 된 사람은 그 이상의 출세를 기대하기 어렵다고 P는 단언한다.

인생의 가속페달, 희망을 밟아라

실행하지 않는 착상을 공상 또는 망상이라 일컫는다.

만약 이런 공상과 망상 속에서 생활하며 스스로 깨닫지 못하고 있다면 뜻밖의 실망과 고통이 찾아오리라. 그러므로 '실행'과 '착상'과의 경계를 잘 구별하여 때때로 점검해야 한다.

최근 어느 설문 조사에 의하면, '당신 소원을 구체적으로 써라'라는 질문에 응답한 사람이 겨우 100명 중에 한 명꼴이었다. '무엇을 하든 좋으니까, 잘살기만 했으면 좋겠다'라고 막연하게 생각하는 사람들이 대부분이라는 결과가 나온 것이다.

이런 사람들은 무엇을 향해 살고 있는 것일까? 도착할 목석지도 없이 망망대해를 이리저리 표류하는 것과 전혀 다를 바 없는 삶을 살아가고 있을 뿐이다.

그렇지만 우리는 그 나름대로 열심히 살아가고 있는 것처럼 보인다. 그런데 열심히 노력하는 데 비해 부를 축적하거나 성공하는 사람이 적은 것이 현실이다. 그렇다면 그냥 무조건적으로 노력만 하는 것 외에 달리 뭔가 필요한 것이 있을 법하다.

그 '뭔가'가 중요한 포인트다. 그 무엇인가란 바로 '인생의 목표'이다. 확실한 목표를 정하고 거기에 도달하기 위하여 확신을 가지는 것이 무엇보다 중요하다.

자기 인생에서 정말 얻고자 하는 것이 무엇인지를 확실하게 파악하라. 그리고 목표가 정해졌으면 그것을 실행하기 위해 다음 단계로 넘어가라.

다음 단계를 이른바 '실링Ceiling, 천정에서 무대에 비치는 조명 설비'이라고 한다. 요컨대 '목표를 달성하고 있는 자기 모습'을 마음의 스크린에 그리는 것이다.

예를 들어, 자신이 독립하여 한 회사의 사장으로 활약하고 있는 모습, 또는 영업 성적이 가장 우수하여 높은 지위로 승진한 모습, 갖고 싶던 승용차를 타고 고속도로를 질주하는 모습 등등 장기적인 목표나 단기적인 목표를 선명하게 그려본다. 그리고 잠재의식에 또렷하게 새겨두는 것이다.

여기서 결정적으로 중요한 것이 있다. 그것은 그 영상을 현실화하기 위한 행동이다.

영상으로 그린 모습을 단순한 공상이나 백일몽으로 끝나게 해서는 안 된다. 자신이 꿈꾸는 모습에 접근하기 위한 구체적인 행동을 시도하지 않는다면 결국 아무것도 아닌 셈이 되기 때문이다.

그런데 자칫하면 그 결의가 흔들릴 때가 있다. 또는 어느덧 망각하기도 한다. 그러므로 일단 정한 목표를 기록해두도록 한다. 그리고 눈에 잘 보이는 곳에 붙여두거나 수첩·지갑 등에 끼워두고 하루에 몇 번이고 볼 수 있도록 한다.

이런 방법으로 목표를 향한 행동을 시도하고 있는지의 여부를 항상 체크해보는 것이 좋다. 그것이 자기 소망을 실현하기 위한 중요한 포인트이다.

일이란 스스로 만들어가는 것이다

초대형 광고 회사 A의 사훈은 '일은 스스로 만들어가는 것이
다. 결코 남에게서 주어지는 것이 아니다'이다.

일이란 자기 쪽에서 먼저 손을 댐으로써 적극적으로 창조해
가는 것임을 강조하는 사훈이다.

샐러리맨 사회의 일은 각각 세분화되어 개인의 일이 뚜렷하
게 정해져 있는 것처럼 보인다. 그리고 그 일을 실수 없이 완수하
면 그것으로 족하다고 생각하는 사람이 많다.

하지만 실제로는 그것만으로 만족스럽지 않다. '창조성'이 결
여된 일은 진짜 일이라 할 수 없기 때문이다.

'일이란 누군가로부터 주어지는 것이다'라고 생각하는 사람
은 성공의 대열에서 떨어져나온 사람이라고 볼 수 있다.

그렇게 창조성이 결여된 자세와 소극적인 사고방식이 몸에 배면 승진은 더더욱 멀어진다. 설령 승진하더라도 능력이 따라주지 못해 매일 악전고투를 면치 못할 것이다. 그러다가 결국 보직에서 물러나게 되는 사태가 발생한다.

이것은 회사의 최고경영자에게도 책임이 있다. 사원들에게 창조성의 중요성을 외치고는 있지만 실제로는 그것을 육성시키거나 개발시키려는 기업의 체계가 확립되어 있지 않기 때문이다.

우리나라 10대 대기업에 속하는 한 회사의 S 상무는 이렇게 일갈한다.

"일반적으로, 샐러리맨 사회는 책임 추궁이 엄격하다. 실패는 허용되지 않는 것이 현실이다. 그렇다고 해서 자유로움과 창조성을 잃게 해서는 안 된다. 사원이 뜻하지 않게 실수를 하면 상사나 최고경영자가 책임을 지는 것이 바람직하다. 그러한 사내체제가 되어 있지 않으면 사원의 창의력은 육성되지 못한다. 좁은 우리 안에 가두어두지 말고 어느 정도의 여유를 인정해주어야 한다. 또 한편으로는 무모할 정도로 도전을 시켜 기업의 활기를 유지시켜야 한다."

대기업에서 하청을 맡아 성장해가는 중소기업은 하청에서 탈피하여 회사 나름대로의 주체성을 살리고 싶어 한다. 그런 꿈을 실현시킬 방법은 어떤 것이 있을까?

바로 '창조성'이다. 중소기업가가 독창적인 것을 개발했을 때 비로소 그 자체로서의 구실을 하게 되는 것이다. 스스로가 가격 설정권을 장악하였을 때, 리더십을 쥐게 되는 것이라 하겠다.

그러나 대다수의 중소기업은 거기에 도달하지 못하고 있다. 이것은 비단 중소기업만의 문제는 아니다.

일이란 스스로 만들어가는 것이다.

이 말을 다시 한 번 음미해보기 바란다.

실패의 늪, 매너리즘

    '세상에서 따분한 것만큼 견디기 힘든 것도 없다. 무엇인가 활기를 자극하는 사건이 없다면 산다는 것은 정말 시시하기 짝이 없다.'

    어느 소설 속 주인공이 내뱉는 대사다. 따분한 것이 고통스러워 견딜 수 없다는, 즉 무미건조한 심정을 토로한 말이다.

    우리의 두뇌는 한 가지 일을 계속하다 보면 거기에 숙달되게 마련이고, 그런 만큼 능률도 상승한다. 반면에 사고방식이나 행동은 저조해지는 경향이 강해진다.

    이것은 도저히 피할 수 없는 상황이다. 요컨대 지금까지 해온 행위가 숙달됨과 동시에 어느덧 나태함을 불러일으키게 된다는 말이다. 이른바 매너리즘에 빠지는 것인데, 점점 그 일에 싫증을 느끼다가 '따분해서 견딜 수 없다'는 상태에 도달한다.

이렇게 되면 '새로운 방식으로 해보자' 하는 의욕이 생기기 어렵다. 그러므로 능률은 두드러지게 저하된다. 이런 매너리즘, 나태함에 빠지지 않기 위한 대책은 없을까?

우선 뭔가 새로운 일을 시작하고자 할 때는 환경을 바꾸어보는 것도 좋은 방법이 될 것이다. 무엇이든 좋으니까 기분 전환을 시킬 수 있도록 말이다.

예를 들자면, 분위기가 싹 바뀔 정도로 자기 책상 위를 정리해 보도록 한다. 동시에 예전에 했던 일에 대한 메모 따위도 눈에 띄지 않는 곳으로 치운다. 이렇게 사소한 일이라도 좋으니까 일을 시작할 때 새로운 환경을 조성하는 것이 중요하다. '심적인 나태성'에서 탈피하여 새로운 목표로 의욕을 북돋우기 위해서는 '시동'이 중요하기 때문이다.

소극적인 사람일수록 이런 전환점에 서투르게 마련이다. 아무래도 심적인 나태함에 빠져버리기 십상이다. 그렇게 되지 않기 위해서는 출발이 중요하다는 사실을 새삼 강조하는 바이다.

이 시작에는 효과적인 방법이 있다. 자신이 가장 자신 있게 처리할 수 있는 일부터 착수하는 것이다. 아무래도 자신 있는 일을 하게 되면 의욕과 자신감이 붙게 마련이다. 그 의욕과 자신감이 다음 일을 추진하게 하는 원동력이 된다.

요컨대 의욕과 자신감을 불어넣어줄 수 있는 일이라면 무엇이든 좋다는 이야기이다. 이것의 주안점은 작은 성공 체험을 바탕으로 하여 의욕적인 스타트를 시도하자는 것이다.

그리고 또 한 가지 요령이 있다. 지금 순조롭게 진행되고 있는 일을 전부 오늘 중으로 처리해버리지 않는 것이다. 내일을 위해 조금 남겨두는 방법이다.

그것에 몰두함으로써 의욕이 솟구칠 수 있는 일의 일부를 내일 아침을 위해 일부러 남겨두자는 뜻이다. 그렇게 함으로써 내일의 스타트도 순조로울 수 있기 때문이다.

자신감으로 무장하라

　이 세상에 100퍼센트의 '행복'이란 있을 수 없다고 생각한다.
또 동시에 100퍼센트의 '불행'도 없을 것이다. '행복'과 '불행'은
반반씩이라고 생각하면 공평할지 모르겠다.

　그런데 우리는 흔히 '행복'이란 누군가가 자신에게 가져다주
는 것으로 오해한다. 그러므로 주변의 누군가가 행복해지기라도
하면 '저 사람은 운이 좋아' 하며 부러워하기 십상이다.

　그리고 '하지만 나는 팔자가 사나운가 봐' 하면서 자신의 불운
을 탓한다. 그러나 제발 팔자나 운 타령은 하지 말라.

　우리는 매일매일 여러 자질구레한 행동을 취하며 살아간다.
그 작은 행동의 누적이 나의 커다란 운명을 형성하고 있다는 것
을 알아야 한다.

그러므로 하잘것없어 보이는 하나하나의 행동을 소중히 여겨야 한다. 행동을 일으키는 원동력은 '마음'이다. 마음에 그려진 일이 행동으로 나타나기 때문이다.

'아침에 일어나, 집을 나서면, 지하철을 타고, 회사에 도착한다. 그리고 책상 앞에 앉아 서류를 훑어보고……'

이런 식으로 우리는 매일 자기 일을 '마음'으로 그렸던 것에 따라 행동하고 있는 것이다.

학교를 선택하는 것도, 회사를 선택하는 것도, 결혼 상대를 선택하는 것도, 모두 자기 '마음'이 행동을 지배한다. 이것은 '마음에 그린 것이 나타난다'는 법칙에 의한 것이다.

또 하나의 법칙이 있다. 그것은 '마음으로 인정한 것이 존재하고 실현된다'라는 '마음의 법칙'이다.

그러므로 악순환을 깨뜨리려면 '나쁜 상태를 스스로 인정하지 않는 것'이 최대의 비결이겠다. 이런 말을 하면 '나쁜 상황 속에서 어떻게 태연할 수 있겠는가!' 하고 반론을 제기할지도 모르겠다.

하지만 '불행'을 불행으로 인정하더라도 '행복'해지지 않는다. 환자에게 "당신은 불행한 사람이오. 이제는 더 이상 방도가 없습니다. 그저 좋다는 약이나 많이 드십시오. 그러면 병원이 돈을 벌테니……"라는 식으로 말하는 의사는 세상에 없다.

"염려 마십시오. 꼭 나을 겁니다. 용기를 내세요!"

이렇게 기운을 북돋워주는 것이 의사이다. 나쁜 상태, 즉 중병임을 인정하게 되면 환자가 낙담하거나 확신을 잃어 병세가 더욱 악화될 것을 의사는 충분히 알고 있기 때문이다. '인정한 일이 존재하고 실현된다'라는 법칙을 의사는 잘 납득하고 있는 것이다.

결코 '나는 운이 나빠'라고 인정하지 말라.

나는 운이 좋은 사람이다!

이렇게 인정하고, 어떤 일이든 항상 자신감을 가지고 밀고 나갈 때 반드시 행운이 당신을 찾아갈 것이다.

자연의 섭리를 수용하라

근현대의 문명은 대자연을 파괴하면서 질주하고 있다. 고도 성장의 대가로서 대자연의 균형이 조금씩 깨지고 있는 상황이다.

대기오염을 비롯하여 공해도시로 치닫는 것, 유감스럽게도 이것은 누구에게든 피할 수 없는 현실이다. 그래서 환경부라는 행정부처까지 생기고 환경연합 같은 시민단체까지 나서서 "자연을 파괴하지 말자", "자연으로 돌아가라"고 외치고 있는 것이다.

프랑스의 문학자이자 계몽사상가인 루소는 '자연을 회복시키려면 어떻게 해야 하는가'를 모든 각도에서 추구했다. 그리고 그 유명한 명언 '자연으로 돌아가라'를 남겼다.

루소가 1778년에 생을 마감했으므로, 지금보다 200년 이상이나 앞서서 자연의 위기를 호소하고 있었던 것이다. 루소는 "대자연에 견줄 만한 교육자는 없다"라는 교훈도 남겼다.

두말할 나위 없이 우리는 지금 대자연에 대해 심각하게 다시 생각해보아야 할 상황에 놓여 있다. 그리고 자연의 섭리를 겸허히 받아들일 필요가 있다.

예를 들자면, '인간의 교육'도 자연의 섭리에서 배워야 한다. 식물을 키우는 방법, 다시 말해 '농업법'으로 교육하는 것을 뜻한다. 왜냐하면 인간의 성숙은 나무나 식물의 성장과도 비슷하기 때문이다.

식물이 성숙할 때까지는 그 나름대로의 시간이 걸리게 마련이다. 토양환경이나 비료의 좋고 나쁨, 또한 손질 방법도 성숙에 영향을 끼친다.

모든 것의 기본은 자연에 있다. 인간도 자연에서 탄생한 생명체이다. 그렇다고 인간의 교육을 근현대의 농업법으로 시도하고자 한다면 효과는 오르지 않을 것이다. 일정한 틀에 끼워 맞추는 '속성 대량생산' 식의 교육으로는 도저히 무리이다. 역시 인간의 교육은 자연농법으로 정성을 들이지 않으면 싹이 나지 않는 법이다. 그것이 자연의 섭리이기 때문이다.

우리는 대자연이라고 하는 '고향' 속에서 살아가고 있다. 태양·산천·초목·대지의 혜택 아래 생활하지 않는 자가 어디 있는가. 그러나 우리 현대인이 자연과 접하는 기회는 점점 적어지고 있다. 특히 도회지에서 생활하고 있는 사람들은 그런 경향이 더욱 심하다. 좀 더 자연의 품속으로 돌아갈 필요가 있다.

★

태양이 따사롭게 내리쬐는 대자연 아래서 생활하고 있음을 자각하기 위해 들판을 거닐거나 푸르름 속에서 등산을 해보는 것도 좋을 것이다. 또한 시골로 여행을 떠나보는 것도 좋지 않을까?

때로는 홀로 밤하늘을 우러러 달이나 별을 쳐다보라. 잠시나마 틈을 내어 자연과 접하고자 시도하라. 일주일에 한 번, 한 달에 한 번이라도 '자연과 접할 기회'를 의도적으로 만들어 습관화하는 것이 바람직하다.

그렇게 하노라면 점차 마음이 우주처럼 드넓어진다. 일상생활의 자질구레한 일에 별로 구애받지 않게 될 것이다. 대자연 속에서 홀로 생각에 잠기면 또 다른 시야가 열리기 때문이다.

걱정이 있거나 갈피를 잡지 못할 때, 막다른 벽에 부딪혔을 때

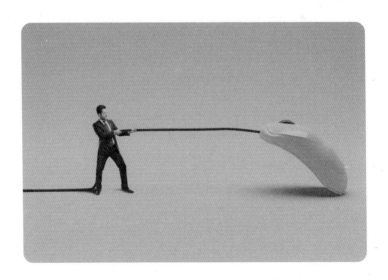

이것은 효과 만점이다.

자연 속으로 뛰어들었을 때에야 비로소 인간이 가장 인간다워진다고 생각한다. 대자연과의 접촉은 그야말로 인간의 '원점'이 아닐까?

토요일이나 일요일에는 당신이 진정으로 하고 싶은 일을 하며 지내라. 살아 있음을 마음껏 누려라. 당신은 그럴 만한 충분한 가치가 있다. 또 다른 당신은 결코 있을 수 없다.

좋은 매너가 나를 살린다

인간의 성의는 고개를 숙이는 시간과 정비례한다.

타인에게 고개를 숙이는 것은 어쩐지 쑥스러워 잘되지 않는다는 사람도 적지 않다. 그런 사람은 다음과 같은 실험을 해보면 좋다.

우선 전신이 비치는 커다란 거울 앞에 선다. 그리고 빙긋 웃으면서 깊숙이 고개 숙여 인사를 한다. 얼굴을 들었을 때도 물론 미소를 짓고 있다. 그러한 동작을 하고 있는 자신을 거울을 통해 주시하기 바란다. 대단히 보기 좋은, 자신마저도 호감을 지닐 수 있을 것 같은 모습임에 틀림없다.

그러면 다음 실험으로 넘어가보자.

이번에는 웃음을 짓지 말고 뾰로통한 얼굴로 고개를 숙여보는 것이다. 성의 없이 그저 고개만 슬쩍 숙이는 기분으로 말이다. 그 모습을 보게 되면 자기 모습이 얼마나 불쾌한 인상인지를 확실히 알게 될 것이다. 또한 '타인이 이런 모습을 보면 불쾌하겠구나' 하는 생각에 창피함을 느끼게 될 것이다.

인간의 가치를 학교 성적이나 일의 능력만으로 정하는 것은 잘못된 것이라고 생각한다. 그 사람에게서 우러나오는 태도, 그 사람에게 풍기고 있는 '분위기'가 포인트다.

그럴듯한 지위에 올랐다고 해서 위대해 보이는 것이 아니라, 그 사람의 태도 여하에 따라 그 가치가 정해진다. 뛰어난 재능을 지닌 사람이라도 그 사람의 언어와 태도에 깊이나 친절함이 없다면 사람들이 그를 좋아하지 않을 뿐 아니라 주변에 모일 리도 없다.

고객은 왕이다

　K는 여러 개의 회사를 경영하고 있다. 그의 매력은 이것저것 많지만 무엇보다 풍부한 인생 체험에서 우러나오는 포용력이 돋보인다. 게다가 원만한 인격과 더불어 멋진 감성의 소유자이기도 하다. 사업의 추진력 하나만 보아도 그의 뛰어난 리더십이 그대로 드러난다. 요즘 그는 세일즈맨 연수와 강연의 인기 강사로서 몹시 바쁘게 살고 있다. 그의 인기 비결 중 하나를 소개하고자 한다.

　"고객의 마음을 꽉 부여잡기 위해서는 무엇보다 성실해야 한다"고 역설하는 그가 강조하는 것은 '세 가지 성실주의'이다.

　첫 번째는, '성실한 인사장'이다.

　상품을 구입한 고객에게 일주일 이내에 반드시 감사의 뜻을

표한 인사장을 보내는 것이다. 반드시 일주일 이내라는 것, 그리고 담당 직원이 직접 육필(肉筆)로 쓰는 것이 포인트이다.

별다른 힘을 들이지 않고도 간단하게 할 수 있을 것 같다. 그러나 실제로 모든 고객에게 잊지 않고 육필의 인사장을 보내기란 결코 쉬운 일은 아니다. 그러나 그는 철저하게 그 일을 수행하는 습관을 중요하게 여기고 있다.

두 번째는, '성실한 전화'이다.

일주일 이내에 인사장을 보내고, 그 일주일이 지난 후 고객에게 전화를 하는 것이다.

"이 주일 전쯤 구입하신 상품(구체적인 상품명을 댄다)은 어떻습니까? 불만스런 점은 없으십니까?"

세 번째는, '성실한 방문'이다.

일주일 이내에 인사장, 그리고 전화 방문, 그리고 이번에는 고객의 자택이나 근무처로 직접 방문하는 것이다.

"근처까지 온 김에 잠시 들러보았습니다. 상품에 다른 문제는 없으신지요?"

이런 인사와 함께……. 특히 이 방문은 진지하게 얼굴을 내미는 데 포인트가 있다고 한다.

이 세 가지 성실주의를 끈기 있고 열심히 실행하는 것, 이것이 좋은 이미지로 전달되어 고객의 마음을 움직인 비결이 아닐까 한다.

앞서 강조하긴 했으나, 할 수 있을 것 같으면서도 잘 안 되는 것이 '성실한 인사장'이다. 쓸 마음은 있지만 실제로 펜을 들고 쓰지 않으면 안 되는 일이기 때문이다.

'세 가지 성실주의'의 상대는 고객이었지만, 이것은 영업에만 국한된 이야기가 아니다. 대상을 당신이 신세를 졌던 사람으로 바꾸어 '세 가지 성실주의'를 실행해보라.

적극적 행동이 인생을 변화시킨다

골프, 경마, 바둑, 장기 등 승부를 겨루는 시합에서 지고 있을 때 대부분의 사람은 체념하는 경우가 많다.

"틀렸어."

"오늘은 이상하게 잘 안 되네."

"오늘 운수가 안 좋은 날인가?"

하지만 그렇게 생각하기 시작하면 결과는 틀림없이 그대로 되어버린다. 이런 경우에는 어떻게 하면 좋을까?

'잘못을 감추는 유일한 수단은 가식이다'라는 말처럼 내심 '안 될지도 몰라'라고 느낄지라도 표면적으로는 '가식'의 연기를 연출하는 것이다. 즉, 표면적으로는 조금도 동요하지 않는 것처럼 상대에게 보임으로써 자신감에 찬 연기를 하는 것이다. 그렇게 하면 그 가식이 스스로도 제법 그럴듯하게 느껴져 다시 기세가 상승하는 일도 있다. 혹시 그때 당시는 효과가 없었더라도 그런 경험을 거듭해가는 동안 반드시 좋은 결과가 나올 것이다.

어느 초등학교 선생님이 다음과 같은 이야기를 들려주었다.

시험 답안지에 적힌 학생의 이름만 보아도 시험에 자신이 있는 아이인지 그렇지 않은 아이인지를 알 수 있다고 한다. 즉, 필체만 보고도 대충 그 아이의 자신감이 판별된다는 이야기이다.

자기 이름을 큼직하고 또렷하게 쓰는 아이는 대부분 성적이 우수한 경우가 많다고 한다. 그런 필체를 가진 아이는 적극적이어서 장래에 이름을 날리고 성공하는 사례가 대부분이라는 것이다. 반면에 작고 힘없는 필체로 이름을 쓰는 아이는 소극적 사고방식의 경향이 강해 그다지 발전하지 못한다고 한다.

'이름은 자신을 나타낸다'라는 말이 있듯이, 이름은 자기의 상징이기도 하다. 그런 '이름'을 빈약한 필체로 기록하는 것은 좋지 않다는 이야기일 것이다.

그래서 그 선생님은 아이들에게 큼직하고 자신 있게 자기 이름을 쓰도록 지도하고 있다고 한다. 당당하고 힘 있는 글씨를 씀으로써 인간적으로도 다부지게 된다는 것이 선생님의 지론이다. 이것은 또한 글씨의 '가식'을 통해 자기 이미지를 바꾸어간다는 이야기로도 해석할 수 있을 것이다.

어린이뿐만 아니라 어른의 글씨도 자세히 주의하여 보면, 아무래도 소극적인 사람은 정말로 빈약한 글씨체를 갖고 있다.

이것은 비단 이름에만 국한된 이야기가 아니다. 그러므로 나약하고 소극적인 타입의 사람은 글씨를 확실하고도 큼직하게 쓰고자 항상 유념하는 것이 좋다.

그런 의식과 행동이 적극적인 경향으로 가는 키워드가 될 것이다.

모방으로 나를 업그레이드하라

예술의 세계에는 '수修 · 리離 · 파破'라는 것이 있다.

무용이든 음악이든 대가가 되기 위한 최고의 비결은 우선 '수'라는 것이다. 다시 말해 철저하게 그 스승을 답습하는 일부터 시작한다는 뜻이다.

골프나 야구 등 스포츠의 세계에서도 마찬가지다. 처음에는 프로급인 선배들의 흉내를 내게 되지만, 그러는 가운데 차츰 자기 나름의 어떤 '형태'를 만들어내게 된다. 스승을 떠나는 단계인 것이다. 이것이 '리'이다.

계속하여 훈련을 쌓아가다 보면 드디어 자기만의 독특한 기술을 연출할 수 있게 된다. 이것이 곧 '파'이다.

이 세 가지 중에서 가장 중요한 것은 '수'이다. 모든 학습의 근본은 우선 '흉내 내는 것'에서부터 시작되기 때문이다. 여기서 말하고자 하는 '흉내 내는 행위'는 단순히 기술 면에서만이 아니라 스승의 사고방식이나 삶의 형태까지 닮고자 하는 것을 말한다.

스승의 '형태'를 모방하노라면 어느새 평상시의 언동까지도 스승과 닮아가게 된다. 그리고 정말 희한하게도 사고방식마저도 닮아간다.

물론 누구의 사고방식이나 삶의 형태를 닮아간다는 것은 한계가 있을 것이다. 그러나 그 스승의 '형태'를 흉내 내는 동안 자연스럽게 그 사람의 사고방식까지 닮아가는 경험을 해본 사람도 많을 것이다.

스포츠든, 업무든, 예능이든, 돈이든, 자기 나름의 목표가 있을 것이다. 확실한 목표를 향해 자신보다 앞서 성공한 선배나 스승을 본받아 자신을 강하게 훈련시켜 나아가는 것을 습관화하기 바란다.

마음을 열고 먼저 다가가라

아침 출근길에 옆집에 사는 청년과 자주 마주친다. 그러나 그때마다 그는 인사도 할 줄 모른다. 그래서인지 그 친구와 마주칠 때마다 기분이 썩 좋지 않았다.

어느 날은 일부러 청년에게 다가가 내가 먼저 "안녕하세요?" 하고 말을 걸어보았다. 그랬더니 의외의 작은 목소리로 "안녕하십니까?" 하고 응답하는 것이었다.

이틀째도 상황은 같았는데, 전날보다는 조금 큰 목소리로 인사를 해왔다. 그리고 사흘째 아침에는 그가 내 뒤를 쫓아오면서 "안녕하십니까?" 하고 먼저 인사를 해왔다.

전철 안에서 나는 생각했다. 인사에는 먼저도 나중도 없지만, 처음 나의 행동이 상대를 바꾸어놓은 것이 아닌가 하고……. 인사를 해야 하는 것을 청년은 알고 있었지만 성격이 수줍어서 행동으로 실천하지 못했던 것이다.

그렇다. 인사에는 누가 먼저 해야 된다는 법칙이 없다. 나부터 먼저 상쾌한 목소리로 인사해보라. 그것이 결국은 상대를 자신에게 끌어들이는 가장 손쉬운 방법이며, 상대에게 좋은 기분을 주는 방법이다.

예를 들어, 직장에 출근하여 부하 여직원에게 이렇게 말한다.

"○○○ 씨, 좋은 아침! 오늘은 유난히 더 예뻐 보이는데! 얼굴이 반짝반짝 빛이 나는 것 같아."

그 밝은 한마디가 포인트이다. 좋은 말을 해주는 데 화낼 사람은 없다. 그 여직원은 당신에게 호감을 갖고 업무에서도 좋은 협력자가 되어줄 것이다.

그런가 하면 인사 한마디가 좋은 인연을 맺게 해주기도 한다.

2년 전쯤 강연 때문에 광주에 갔다. 밤에 출출하여 도심의 어느 호프집을 찾아들었는데, 빈자리가 없어서 혼자 앉아 있던 남자와 동석을 하게 되었다.

"안녕하세요? 빈자리가 없어서 그러는데, 여기에 좀 앉아도 될까요?"

"그럼요, 어서 앉으세요."

그의 친절한 몸짓에 마음이 놓여 이런저런 대화를 나누게 되었다. 우연히도 그는 어느 회사의 교육 담당자였다.

그게 인연이 되어 훗날 나는 그가 다니는 회사의 사원연수 강사가 되었다. 그저 말 한마디를 주고받았을 뿐인데, 인연이란 정말 신비로운 것이다.

이쪽에서 마음을 열고 다가가면 상대방도 접근해오게 마련이다. 내가 상대방을 싫어하면 상대방도 나를 싫어한다. 내가 상대방을 좋아하면 상대방도 나를 좋아해준다. 내가 웃는 얼굴로 대하면 상대방도 웃는 얼굴로 대해준다. 내가 진지하게 말하면 상대방도 진지하게 들어준다.

이런 상호작용을 나열하자면 끝도 없겠지만, 중요한 것은 자신이 어떤 태도를 취하는가에 따라 상대방의 태도도 달라진다는 점이다.

따라서 우선 자신의 모습부터 관찰하고 분석해보면, 사람을 어떻게 대하면 좋을지 방법을 쉽게 모색할 수 있을 것이다.

희망 사항으로 설득하라

　한 백화점은 판촉 활동의 하나로, 손님이 구입한 상품이라면 무엇이든 원하는 데까지 무료로 배달해주기로 결정했다.

　손님들의 호응은 대단했고 매출은 거의 두 배로 신장되어 대성공이었다. 그런데 이내 문제점이 드러나고 말았다. 배달 인력이 너무나 부족했던 것이다.

　그렇다고 인력 충원을 하자니 수지타산이 맞지 않고, 담당 부서에서는 배달 인력이 부족하다고 아우성을 치고…… 진퇴양난이었다.

　경영자는 매출을 떨어뜨리지 않고도 배달 일을 줄일 수 있는 좋은 아이디어를 찾기 위해 무척 고심했다. 그러던 중 상황을 자세히 살펴보니 굳이 배달할 필요가 없는 작은 상품까지도 배달하고 있다는 사실을 알게 되었다.

그래서 배달할 필요가 별로 없는 상품을 구입하는 고객에게 다음과 같은 말을 덧붙여보기로 결정하였다. 물건을 계산할 때 "이 상품을 배달해드릴까요? 아니면 지금 가지고 가시겠습니까?" 하고 손님에게 묻기로 한 것이다.

그러자 대부분의 손님은 "네, 그냥 제가 가지고 가지요"라고 대답하였다. 결과는 대단히 만족스러웠다. 이렇게 하여 이 백화점에서는 배달 인력 부족 문제를 잘 극복할 수 있었다.

나도 이와 비슷한 경험이 있다. 언젠가 회식을 했던 음식점에 물건 하나를 놓고 와서, 다음 날 전화를 걸었다.

"어제 그곳에 물건을 놓고 왔는데요. 서류가 들어 있는 검은 종이봉투입니다."

음식점의 여주인인 듯한 상대방이 대답했다.

"네, 저희가 잘 보관하고 있습니다. 일부러 그것 때문에 여기까지 오시기가 힘드실 텐데 보내드릴까요? 아니면 지나시는 길에 들르시겠습니까?"

그러자 나는 그만 엉겁결에 "네, 그러면 이번 주 안으로 제가 들르겠습니다" 하고 대답하고 말았다. 사실은 보내주었으면 싶었는데, 어떻게 그런 마음에도 없는 대답을 하고 말았는지 나 스스로도 납득이 되지 않았다.

이상의 예에서도 알 수 있듯이, 우리는 내가 희망하는 것이 상대에게 순순히 받아들여지지 않을 것이라는 고정관념을 갖고 있다. 잠재의식 속에 그렇게 들어 있는 것이다.

그러므로 '그쪽이 귀찮아서 물건을 빨리 보내주지 않을지도 몰라' 하는 심리가 작용한다. 그러므로 자기 희망 사항이 '받아들여지지 않더라도 어쩔 수 없지' 하고 느끼는 것이다.

그 때문에 그쪽에서 "보내드릴까요?" 하고 이쪽 희망 사항을 이루어주었는데도 "아니, 괜찮습니다" 하고 상대에게 유리한 쪽으로 양보하게 되는 것이다.

상대에게 자기 희망 사항을 설득할 때는 "☆☆로 할까요, 아니면 ★★로 할까요?"라는 식으로 이쪽의 '희망 사항'을 뒤에 덧붙이도록 하라. 그것이 설득의 요령이다.

이왕이면 다홍치마, 외모를 가꿔라

어떤 피자 가게의 문 앞에 여직원을 뽑는다는 공고가 붙었다.

뚱뚱하고 못생긴 여자가 찾아왔다. 피자 가게 주인은 이미 직원 채용이 끝났다고 말했다. 잠시 후, 날씬하고 키도 크고 얼굴도 예쁜 여자가 구직을 위해 피자 가게에 들어갔을 때 주인은 그녀와 몇 가지 이야기를 나눠본 후, 언제부터 출근할 수 있느냐고 물었다. 그녀는 피자 가게 직원으로 뽑힌 것이다.

채용 담당자는 직원을 뽑을 때 외모를 고려하지 않을 수 없다. 아마 규모가 작은 회사일수록 외모가 취업에 미치는 영향은 더욱 클 것이다. 당신이라면 어떤 여직원을 뽑겠는가?

피자 가게 주인은 여직원을 뽑을 때, 미적분을 풀게 하지 않는다. 토익 600점 이상을 요구하지도 않는다. 뽑을 여직원은 선한 인상으로 손님에게 친절할 것 같은 사람이다. 그리고 예쁘면 더 좋다.

예쁜 여자를 뽑겠다고 하면 많은 사람이 '외모지상주의가 어쩌고 저쩌고' 하면서 쌍지팡이를 짚고 나설지 모르지만, 피자 가게 여직원에게 친절이나 성실 등의 요건 외에 좋은 인상, 예쁜 얼굴 등을 추가하는 것이 그렇게 잘못된 것은 아니다.

물론 사람을 평가하는 것에 외모를 매우 큰 비중으로 놓는 것은 잘못된 결과를 가져오기 쉬우므로 경계해야 한다. 그러나 애써 외모를 무시하는 것 역시 옳지 않다. 외모에는 그 사람의 많은 것이 나타나기 때문이다.

그래서 성공한 사람들은 외모를 중시한다. 외모가 '내가 어떻게 할 수 없는 것'이 아니라는 사실을 잘 알고 있기 때문이다.

부드러운 성격은 얼굴에 나타나고, 너그러운 마음은 굳이 표현하지 않아도 자연스럽게 외모에 풍긴다. 얼굴의 대칭이 잘 맞는 사람을 미인·미남이라고 하지만, 대칭은 잘 맞아도 왠지 정이 가지 않는 사람도 있고, 객관적으로는 못생긴 편이라고 생각되지만 매력적인 얼굴도 많고, '딱 내 스타일이야'라는 말을 듣는 사람들도 많기 때문이다.

누구도 아닌 자기 자신이 되어라

　가수 지망생 캐스 달리는 크고 두터운 입술과 뻐드렁니 때문에 어느 무대에도 서지 못하는 신세였다. 그 누구도 그녀를 무대위에 세우기를 꺼렸다. 그런 그녀에게 처음으로 기회가 주어졌다. 뉴저지의 나이트클럽 무대에서 노래를 부르게 된 것이다.

　무대에 선 그녀는 음악에 맞춰 매혹적인 몸짓을 선보였다. 그러나 뻐드렁니를 드러내지 않고 노래를 부르려고 하자 이상한 목소리가 나오고 말았다. 그녀는 무척 당황했고, 사태를 수습하지못해 결국 더욱 우스꽝스런 꼴이 되고 말았다. 잔뜩 주눅 든 채로무대 위에서 내려오는 그녀를 한 신사가 불러 세웠다.

　"뻐드렁니가 당신에게 흉이 될 것은 없습니다. 한번 마음껏입을 벌리고 노래를 불러봐요. 청중이 원하는 것은 아가씨의 예쁜 목소리라는 것을 기억하세요. 아가씨가 자신감에 넘쳐 노래를 부른다면 그들은 당신에게 찬사를 보낼 겁니다."

신사의 충고에 캐스 달리는 그때부터 오로지 청중에게 아름다운 노래를 들려주려는 데에만 온 마음을 쏟았다. 그리고 결국 영화에 주연배우로 발탁되는 영광을 누리게 되었다. 게다가 그녀의 심볼처럼 되어버린 뻐드렁니를 흉내 내는 코미디언까지 생겨나기에 이르렀다.

평범한 사람들의 능력은 다 거기서 거기인데, 뛰어난 미녀나 미남이나 천재들과 자기 자신을 비교하고 고민하는 일로 단 1초라도 헛되이 보낼 필요는 없다.

당신은 이 세상에서 가장 존귀하며 유일한 존재인 것이다. 창세기 이래로 당신과 똑같은 인간은 한 명도 없었으며, 또한 앞으로도 당신과 똑같은 인간은 결코 나타나지 않을 것이다.

그런데도 사람들은 자기 자신이 아닌 다른 사람이 되고 싶어하고 그들의 행동을 따라하려고 애를 쓴다. 그러나 다른 사람처럼 되고 싶고, 다른 사람처럼 행동한다고 해서 자기 자신이 그 사람이 될 수는 없다.

Supplement

•

좋은 습관
트레이닝

GOOD HABITS

위를 향해 걷기

격변의 시대, 적응력을 키워라

요즘 시대의 흐름과 경제 및 생산 구조의 급격한 변화를 굳이 강조할 필요가 있을까.

고도성장기를 질주해온 비즈니스맨이라 하더라도 이 급속한 변화에는 당혹감을 느낄 것이다.

의사는 환자를 대하면 증상이 어떠한가, 발병 원인은 무엇인가, 병의 진행 상황은 어떠할 것인가, 어떻게 대응할 것인가, 구체적으로 지금 무엇을 해야 하는가 등으로 진단과 대처를 해나간다.

'어떤 조치를 취할 수 있는가?'

이것은 비단 의사에게만 국한된 것이 아니라 일반적인 비즈니스 사회에서도 통용되는 물음이다.

'지금 무엇을 해야 하는가', '어떻게 살아가야 하는가' 하는 대응책은 실태를 잘 파악하고 시대의 흐름을 정확하게 예측함으로써 강구되기 시작한다.

일찍이 오늘날만큼 사회에 대처하는 능력이 요구되는 시대는 없었을 것이다. 이 급속히 변화하는 시대에 대한 적응력이야말로 비즈니스맨에게 가장 강하게 요구되는 자질이라 하여도 과언이 아닐 것이다.

그것은 시대가 잇달아 산출해내는 새로운 가치를 인식하고 시대와 더불어 호흡하고자 하는 적극적인 마음가짐에서만 비로소 가능하다.

호기심이 시대를 이끈다

사회 환경이 하루가 다르게 급격히 변화하는 사회에서 오래된 낡은 기술이나 업무 처리 방법, 가치관에 연연하는 비즈니스맨이 있다면 기업 발전에 걸리적거리는 존재가 된다.

인간이란 누구든지 똑같은 환경에 오래 머물러 있으면 자신도 모르는 사이에 변화를 기피하는 습성이 몸에 배거나, 대응력이 저하된다. 그러나 유연한 적응력, 정확한 판단력은 연령이나 개인의 능력, 체험 등으로만은 획득할 수 없는 것이다. 거기에 더불어서 모든 일을 편견없이 순수하게 받아들일 마음가짐이 되어 있는지의 여부가 중요하다. 연령에 관계없이 모든 일을 순수하게 받아들일 싱싱한 감성과 시대적 흐름의 변화에 대한 호기심이 중요한 것이다.

예를 들어, '알고 싶은 것'에서 흥미를 느끼고, 나아가 그것을 이해하기 위해 도전하는 사람은 자신의 미래를 개척할 만한 여건을 갖춘 사람이라고 할 수 있다.

현재 60~70대이면서도 시대를 리드하며 패기 있게 활동하고 있는 사람들이 있다. 그 생명력의 원천은 바로 끊임없는 탐구심이다. 그것은 단순한 재능이 아니다. 현재에 만족하지 않는 적극성과 미래를 예측하고 도전해가는 행동력이야말로 시대를 자기 편으로 만드는 요령임을 가르쳐주고 있는 것이라 하겠다.

부정적 사고형 인간

한국 프로야구 팀이 전지훈련을 갔을 때, 한국의 베테랑 선수들이 전력을 다하는데도 미국의 이진 팀에게 참패하는 것을 자주 볼 수 있었다. 왜 그럴까?

'아무래도 선수층도 두껍고 역사가 엄청 긴데, 뭐.'

이렇게 체념하는 생각을 갖고 시작을 해서 그럴까? 그런데 미국 팀들을 자세히 살펴보면 분명히 그 이유가 나온다.

우선 미국 선수의 자유분방한 자세가 무엇보다도 인상적이다. 그리고 타격을 할 때, 미국 코치는 선수에게 "네가 치기 가장 편한 자세를 잡아라"라는 말로 지도한다. 즉, 장점을 더 살려주는 지도를 한다. 그런데 한국은 어떤가. 코치는 타자의 결점을 찾아서 그것을 고치는 데 주력한다. 그러므로 어떤 선수든 간에 판에 박힌 자세로 타석에 서 있다. 확실히 결점은 보완된 듯싶다. 그러나 동시에 장점도 사라져버린다.

장점을 더 살리고자 하는 발상은 당연히 '긍정적 사고'이다. 이에 반해 우선 상대의 결점을 찾아내서 그것을 고치려고 하는 발상은 '부정적 사고'이다.

나는 인생에서, 그리고 비즈니스에서 '긍정적 사고'를 반드시 받아들여야 한다고 생각한다.

'인간은 인간이 지닌 특성을 살리기 위해 태어난다'라고 정의를 내릴 수 있다. 그렇다면 인간의 특성이란 무엇인가?

인간에게는 이성적인 의사가 있으며 더불어 사고력과 이해력이 있다. 예를 들어, '좋은 것은 하고 나쁜 것은 하지 않는다'는 의사에 따라 행동을 취할 수 있다는 말이다. 이 좋은 것, 좋은 점을 신장시키는 사고방식이 긍정적 발상의 원점이라 할 수 있다.

그러나 아무리 좋은 생각이라도 실행에 옮기지 못하는 사람과 나쁘다고 생각하더라도 좀처럼 그만두지 못하는 사람이 얼마나 많은가.

어떤 조사에 의하면 95퍼센트의 사람들이 자기 자신에게 회의적이며, 부정적인 생각을 50퍼센트 이상 가지고 있다고 한다. 대부분의 사람들은 자신에게조차 깊이 회의를 느끼며 단 한 번뿐인 인생을 성공적으로 살아가고자 하지 않는 모양이다. 정말이지 딱한 이야기가 아닌가. 당신은 한 번밖에 주어지지 않는 인생을 허송하며 보내고 있지는 않은가?

대부분의 사람은 매일 반복되는 일로 세월을 보내고 있다. 그러나 우리가 우리 자신에 대하여, 특히 그것을 통제하는 '정신'에 대하여 좀 더 깊이 알게 된다면 인간이라는 존재가 이룰 수 있는 것은 거의 무한하다고 말해도 지나치지 않을 것이다.

성공한 사람이든 평범한 보통 사람이든 뇌세포의 수는 거의 100억 남짓하다고 한다. 그렇다면 자신의 인생을 바람직한 방향으로 이끌어가도록 생각을 유도해 뇌세포의 질을 높인다면 성공적인 앞날을 기대할 수 있지 않을까!

긍정적 사고의 키워드

부정적 발상형의 사람은 모든 일에 창조성을 가지고 부딪치기보다는 자신의 재능의 한계와 틀을 미리 설정해둔다. 그리고 성공에 대한 대책을 자신의 내부에서 찾으려 하지 않고 다른 것에 의존하려는 경향이 강하다.

그렇다고 그의 능력이 부족한 것은 아니다. 단지 자신의 무한한 잠재력을 인식하지 못하고 있거나 자신에게는 그럴 만한 능력이 없다고 지레 단정해버리는 경우가 거의 대부분이다.

이와 같은 자존심의 상실이 인생 좌절의 주요 원인 중 하나이다. 그들은 마음속으로 자신은 성공이나 행복과는 인연이 없다고 여긴다. 이런 그릇된 생각이 가슴속 깊이 자리잡고 있는 한, 정말로 그들은 성공이나 행복과는 인연이 멀어지게 될 것이다.

이에 반해 흔히 모든 부문에서 실력자라 일컬어지는 사람은 긍정적 사고형이 많다. 그들은 모든 일에 적극적으로 행동하며, 때로는 실력 이상의 평가를 받는다.

이것은 비즈니스 활동에서도 똑같은 반응을 보이는데, 부정적 사고자들은 자신의 성적과 능력에 한계를 정해버린다.

'왜 매상이 오르지 않는가?'

이것에 대해서 부정적 사고자들은 경비가 부족해서, 상품에 매력이 없어서, 경기가 나빠서, 날씨가 좋지 못해서 등의 분석을 내놓는다.

즉, 모두 외부에서 원인을 찾아 핑계를 대는 것이다.

그러나 긍정적인 사람은 이렇게 발상한다.

'매상이 좀처럼 오르지 않는다……? 좋아! 그렇다면 특단의 방법을 써야지. 오히려 다음 달의 매출을 20퍼센트쯤 늘리는 것으로 목표를 잡고 밀어붙여보는 거야.'

그들은 방문 건수를 배로 늘린다든지, 상품에 대한 설명 방법을 바꿔본다든지, 서비스를 좀 더 개선시킨다든지, 방문 시간을 바꿔본다는 등으로 구체적인 방안을 모색하여 자신이 할 수 있는 것, 해야 하는 것을 찾는다. 당연히 결과에서 큰 차이가 발생한다. 외부에서 변명거리를 찾아낸 비즈니스맨이 성공한 예는 결코 없다.

긍정적 발상형의 인간이든, 부정적 발상형의 인간이든 모두 똑같은 현실에서 살아가며 활동하고 있다. 그렇다면 모든 일에서 우선 좋은 면을 찾아내어, 밝게 생각하고 행동해가는 것이 인생에서든 일에서든 충실하게 살아가도록 하는 원동력이 되어줄 것이다.

그러면 왜 성공하는 사람이 적은 것일까? 대부분의 사람들이, 자신이 지니고 있는 능력조차 의심을 품고 게다가 노력도 하지 않기 때문이다.

이 격변의 시대에 탄력 있게 대응해나갈 수 있는 핵심어는 '긍정적 사고'이다. 따라서 다음을 명심하라.

'적극적인 인생관을 가져라!'

'자신에게 기대를 하라!'

'자신의 능력을 믿어라!'

'긍정적 사고를 하라!'

당신은 긍정형 인간인가?

① 문제가 발생했을 때 곧 해결책을 생각한다.

② 회의 때 다른 사람보다 많은 의견을 내는 편이다.

③ 놀 때도 열성적인 타입이다.

④ 자신의 일에 긍지를 가지고 있다.

⑤ 남을 가르치는 일을 좋아한다.

⑥ 업종이 다른 사람이나 나이 차가 있는 사람과의 교제도 원활하게 이끌어갈 수 있다.

⑦ 처음 만난 사람과도 별 어려움 없이 대응할 수 있다.

⑧ 인내력이 강하고 지속성이 있다.

⑨ 아이디어나 착상을 구체적으로 실현하기 위해 노력한다.

⑩ 새로운 것과 진귀한 것에 항상 흥미를 갖는다.

⑪ 남에게 지기 싫어하며 오기가 강한 편이다.

⑫ 새로운 것을 시작할 때, 성공할 것으로 생각한다.

⑬ 자신의 장점을 열 개 이상 들 수 있다.

⑭ 자신은 능력 있는 사람이라고 생각한다.

이상의 설문 중에서 당신은 '예'를 몇 개나 선택하였는가? 겨우 하나뿐이라 하더라도 긍정형의 요소를 지니고 있는 것이므로, 위의 모든 사항에 '예'라고 자신 있게 답할 긍정적인 발상의 밝은 인생으로 전환할 수 있을 것이다.

만일 '예'라는 대답이 하나도 나오지 않았다면 부정적 인간형의 자신을 긍정적 인간형으로 전환할 구체적인 방법을 생각해 보자.

다음은 긍정형으로 바꾸는 열 가지 방법이다. 이를 항상 염두에 두고 행동하다 보면 어느새 당신은 긍정형 인간으로 변화되어 있을 것이다.

★

① 자신의 결점보다 장점을 찾아 주목한다.

② 무관심에서 호기심으로 눈을 전환한다.

③ 고정적인 사고에서 유연한 사고로 전환한다.

④ 방관자에서 참가자로 나선다.

⑤ 안정 지향보다 변화를 추구한다.

⑥ 감점법에서 가산법으로 행동한다.

⑦ 보수에서 혁신으로 생각을 전환한다.

⑧ 실패의 공포에서 성공에 대한 갈망으로 세상을 본다.

⑨ 부정적인 평가에서 긍정적인 평가로 스스로를 돌아본다.

⑩ 적극적인 자기 인식과 적극적인 자기표현을 한다.

긍정적 사고로 성공 이루기

성공의 각본을 쓰자

나폴레옹은 '내 사전에 불가능이란 없다'라는 명언을 남겼다. 일설에서는 '불가능이란 없다'라는 말은 사실 가능하다고 판단한 것부터 우선 추진해나가면서 불가능하게 여겨졌던 것을 서서히 줄여갔다는 말이라고도 한다.

모든 일은 받아들이기 나름이다. 어떤 일이든 모두 좋은 쪽으로 해석하여 가능한 한 좋은 면, 긍정적인 면을 보려고 노력하면 지금까지 불가능하게만 여겨졌던 것도 가능하게 여겨지니 정말 이상한 일이 아닐 수 없다.

인간은 누구든지 결점과 단점을 지니고 있다. 그래서 실패를 되풀이하는 경우가 많다. 하지만 그 실패를 딛고 일어나 성공하는 사람이 있는가 하면 일생을 후회의 연속으로 끝내는 사람도 있다. 그것이야말로 모든 일을 받아들일 때 긍정적인가 부정적인가 하는 그 출발 시점에서부터 크게 좌우된다.

아무리 작은 일이라도 반드시 양면성을 볼 수 있는데 좋은 면과 나쁜 면, 다시 말하면, 긍정적인 면과 부정적인 면이 있는 것이다. 그중 어느 쪽을 보는가, 어느 쪽을 인정하는가, 또는 어느 쪽을 실행에 옮기는가 하는 것으로 긴 인생의 여정은 하늘과 땅만큼 차이가 나게 된다.

이것은 일뿐만 아니라 사람의 성격 형성에도 통용된다. 어린 시절부터 자주 부모나 주위 사람들로부터 "그런 성적으로는 일류 대학에 들어갈 수 없어", "조그만 것이 뭘 안다고⋯⋯", "주제넘는 소리 하지 마"라는 식의 말을 듣고 자라다 보면, 어느새 그 사람은 무의식중에 부정적인 언어의 지배를 받아 자신감을 상실하고 부정적인 면에만 눈을 돌리게 된다.

더욱 주의해야 할 것은 부정적인 사고가 습관화되면 사회나 회사에 대해서도 소극적인 자세를 취하게 된다는 것이다. 그러한 자세에서 바람직한 사고가 생겨날 리는 만무하다.

인간이란 자기 나름대로 인생의 각본을 쓰고, 그 역할을 연출한다. 즉, 인간이란 결국 자신이 생각한 것과 같은 삶의 방식에서 그 주인공이 된다고 바꿔 말할 수 있다. 그렇다면 성공의 각본을 쓰고 성공해보지 않겠는가.

그러기 위해서는 사회를, 타인을, 자기 자신을, 그리고 모든 일을 긍정적인 시각으로 받아들여야 한다.

당신이 비즈니스맨이라면 '비즈니스 사회에서 일류가 되자!' 라고 자신에게 다짐하며 늘 노력하는 자세로 임해보라. 틀림없이 성공할 것이다.

긍정적인 이미지의 효과

흔히 현재를 불투명한 시대라 한다. 그것은 사실이다. 나날이 새로운 제품이 쏟아져나오는가 하면, 일찍이 경험한 바 없었던 충격적인 문화가 판을 치고 있다. 또한 각 기업은 살아남기 위해 내수는 물론이고 해외 진출에도 많은 신경을 쓰고 있다.

비즈니스맨의 입장에서 본다면 이런 긴장의 시대는 계속되리라 여겨진다. 그리고 세상이 긴박해지더라도 그에 굴하지 않고 꿋꿋이 대항하여 용기 있고 적극적으로 대처해나가는 사람을 우리는 프로라고 부른다.

한국전쟁 후 우리가 이만한 위치의 경제대국으로 성장할 수 있었던 원동력은 70, 80년대에 온갖 어려움에 굴하지 않고 다시 일어선 기업과 인재들이다.

성공에 대한 거창한 뜻을 갖고 있지 않더라도 '힘들다'라는 말을 입버릇처럼 중얼거리기보다는 '이까짓 일 따위는 아무것도 아니야. 이런 고통과 수고는 나를 더욱 성상시켜줄 거야'라는 생각을 마음에 되새기는 것이 훨씬 자신으로 하여금 적극적이고 행동적인 자세를 취하게 할 것이다.

내일의 당신을 보증하는 것은 당신 자신이 아니다. 미래를 어느 정도 예측할 수는 있으나 확실한 해답은 누구도 장담할 수 없다. 공연히 장담할 수도 없는 짐작만으로 장래를 염려하여 갈팡질팡한다면 현재 하고 있는 일이나 내일의 목표에 대한 판단이 흐려질 것이다.

그러기보다는 차라리 내일에 대한 밝은 포부를 상상하며 '나는 반드시 그런 사람이 될 것이다' 하고 자기 자신에게 굳게 다짐해보는 것이 바람직하다. 이것은 인생에서 또 다른 도전이라 할 수 있다.

내가 누구에게든 장담할 수 있는 것이 있다면, 그것은 성공하는 사람은 반드시 자신에 대한 긍정적인 이미지를 구축하며 끊임없이 그 이미지 향상을 위해 노력하고 있다는 것이다. 때로는 교만하게 느껴질 만큼 자신만만한 사람과 만나게 되는데, 그것은 아마 다분히 연출적인 것으로, 자기 이미지 형성을 위한 것이 아닐까 생각한다.

흔히 숙련된 배우들은 맡은 배역에 충실하기 위해 무대에 서기 몇 개월 전부터 사생활 속에서도 그 주인공이 된 기분으로, 그에 걸맞은 동작이나 말씨 등을 연습한다고 한다. 그것이 뜻하는 대로 되었을 때 배우와 그 배역이 일체화될 수 있으며 높이 평가받을 수 있기 때문이다.

이른바 일종의 자기암시의 효과인데, 이것은 우리에게도 크게 참고가 될 내용이 아닌가 싶다. 바람직한 자기표현은 제삼자의 눈에 '그 사람 그 자체'로 비칠 테니까.

밝은 미래를 그린다

인간은 성장함에 따라 사고와 경험, 후회와 전망, 비관과 낙관, 실패와 성공 등을 되풀이하면서 모두 그 속에서 자신의 이미지를 인식해간다.

이때 자기 인생에서 즐거웠거나 보람 있었던 때의 기뻤던 심정에 초점을 맞추는 것이 중요하다. 그렇게 하면 마음은 다시 한번 밝아질 것이다.

후회보다는 희망을, 비관보다는 낙관을 택했을 때, 생기와 활력에 넘친다. 자신감으로 무장되었던 때, 한없이 신뢰받았던 때를 다시 떠올려보라.

사람은 각각 자신의 성격이나 재능, 기량, 지혜 등에 의해 자기 나름의 독특한 이미지를 갖고 있다. 그리고 무의식중에 그 이미지에 맞는 사고방식이나 행동을 취하게 되고, 다른 사람들도 그것을 보고 당신을 평가한다.

예를 들어, '나는 비즈니스맨으로서 능력이 부족한 것은 아닌가?', '난 아무래도 센스가 없는 것 같아' 등등 자신에 대해 부정적인 이미지를 갖고 있다면, 그것이 반드시 당신의 사고나 행동에 한계선을 긋는다.

성공을 원한다면 지금도 늦지 않다.

다음과 같이, 자신의 이미지에 대한 쇄신을 꾀하라.

- 나는 나 자신을 사랑한다. 그리고 지금보다 좀 더 나아지길 원한다.
- 나는 반드시 일인자가 될 수 있다.
- 나는 재산이 많지 않으나 누구에게도 지지 않을 기력과 체력과 지혜가 있다.
- 나는 마음이 따뜻하고 모든 일에 치밀한 사람이다.
- 내가 활약할 시기가 왔다. 내 능력을 믿고 무슨 일이든 도전해보자. 상대방도 사람이고 나도 사람이다. 다른 사람이 할 수 있는 일이라면 나도 감당할 수 있다.

이러한 긍정적인 사고로 미래의 자화상을 그려보라.

사람은 부정적 사고로 자화상을 그리면 거기에 가까운 사람이 될 것이며, 반대로 큰 인물이 될 자화상을 그리면 그에 걸맞은 사람이 되게 마련이다. 자신의 이미지는 인생 항로에서 자신의 가능성을 좌우하는 나침반 같은 것이다. 그리고 그것을 조종하는 것은 다름 아닌 당신 자신이다.

성공 쪽이든 체념 쪽이든, 진로를 정하는 것은 당신의 타고난 능력이 아니라 바로 당신의 의사이다. 사람의 사고방식은 억만금을 준다고 해도 살 수 있는 것이 아니다. 그렇다면 새로운 인생의

모험에 도전해보지 않겠는가. 행복을 발견하고 성공을 손아귀에
넣는 것은 바로 당신의 사고방식 여하에 달려 있다.

어려움, 기쁘게 맞서기

일을 즐기면서 한다

우리가 매일 하고 있는 일은 영원히 미완성이다. 모순투성이이고 문제투성이인 것이 바로 일상의 모습이기에 이것을 해결해가는 것이 인생이다.

인생에서 만점이란 있을 수 없다. 영원히 미완성일 뿐이다. 이 길은 아무리 걸어도 멀기만 하다. 하지만 길이 멀수록 얻는 보람 또한 클 것이다.

2~3년 정도로 될 일이라면 일생의 과업이라고 할 수 없다. 선배나 상사에게 배워온 정석을 타파하고 자기 자신의 것을 내세워 노력을 거듭해가다 보면, 어느새 그것을 시도해본 사람만이 맛볼 수 있는 기쁨과 충실감을 느끼며 비로소 일을 즐기게 될 것이다.

그런데 '일을 한다'는 것의 의미를 착각하는 사람이 너무나 많다. 그것을 '바쁘게 몸을 움직이는 것', '매일같이 업무에 시달리는 것'으로 잘못 알고 있어서, 늘 일에 쫓기고 있는 것이다. 긴장의 연속 속에서는 무엇이든 오래 지속하기 힘들다. 자신의 행동을 제삼자의 입장에 서서 냉정하게 주시하고, 진정으로 원하는 목표가 무엇인지 인식해보는 것이 중요하다.

생각한다 ➡ 행동한다 ➡ 생각한다 ➡ 행동한다

이러한 사이클을 반복해가면 일의 내용은 충실해진다.

자신의 일을 제삼자의 시점에서 관찰하기 위해서는 영역이 전혀 다른 입장에서 바라보는 것도 중요하다.

막상 어떤 일에 직면한 경우, 하면 할수록 어렵고 흥미를 잃게 되어 완전히 자신감을 상실할 때도 있을 것이다. 거기서 고뇌와 정신적인 고통이 시작된다. 그러나 여기서 도망쳐서는 안 된다.

선배나 상사의 충고를 순순히 받아들이도록 하라. 인생관과 일에 대한 가치관이 확립되는 기점이 될 수도 있다. 인생에 대한 요지부동한 목표가 인생관이라면, 목표란 경우에 따라 달라질 수도 있는 일에 대한 가치관이다.

우리는 벽에 부딪힐 때마다 새로운 것을 배운다. 그 때문에 아무리 감당하기 힘든 상황이 닥쳐도 결코 도망쳐서는 안 된다. 그 벽을 타파하고 산을 넘을 때마다 분석력, 창조력, 행동력, 판단력, 결단력이 내면에서 새롭게 이끌려나오게 된다. 그러므로 고난과 어려움에 직면하여 그것을 극복해갈 때마다 품격이 몸에 배고 자신이 성숙한다.

어려움이 크면 클수록 용기백배하여, 어떤 각도에서 해결 능력을 이끌어낼 수 있는가 하고 생각할 여유가 생겼을 때 일은 비로소 자신의 것이 된다.

일이 사람을 만든다

인생은 입학과 취업과 결혼이라는 굵은 마디로 크게 나눌 수 있다. 하지만 자신의 의지대로 학교를 선택하고, 자신의 의지대로 회사에 들어갈 수 있는 사람은 그리 많지 않다.

대부분은 운명의 실에 이끌린 듯, 자산조차도 이해할 수 없는 코스를 밟게 된다. 자신과 사회와의 연관성을 이해할 수 없으며, 자신도 딱 부러지게 이 길이 좋다고 확신할 수 없는 입장에서 대다수 사회인은 취업전선에 뛰어들고 사회생활을 시작한다.

따라서 처음에는 일에 흥미가 없는 것이 당연하다. '하여간 직업을 갖게 되었으니 일이나 익혀보자'라는 심정이 태반이다.

그 일에 직면하게 된 동기도 갖가지일 것이다. 생활비 마련을 위해서, 아니면 어떤 목표를 위한 하나의 스쳐가는 과정 등등 무엇인가의 수단으로만 여기는 사람이 있다. 하지만 이런 식으로, 현재 자신이 하고 있는 일을 하나의 과정이나 수단으로만 치부해서는 그 일에서 일인자가 되기 어렵다.

일 그 자체가 좋아서 일을 사랑하고 일을 생애의 목표로 생각하면 자신과 일이 일체가 된다. 일을 통해 자신이 커지며, 자신의 성장이 더 큰일을 하도록 만든다. 시대의 흐름을 자기 것으로 삼으면 일이 사람을 만들어가는 것이다.

일은 사람을 정직하게 평가한다. 일을 발견하고 완성시키면 자신도 성장하고 거기에 정당한 보답도 받는다. 극복의 과정은 힘들더라도 그것을 성취한 후에 밀려오는 충실감은 말로 다 표현할 수 없다.

그 충실감을 맛보았을 때 비로소 일이 조금씩 눈에 들어오게 된다.

일을 사랑하고, 일을 성취해가며, 일에 사는 사람은 행복하다. 작고 단순한 일이라도 상관없다. 청소나 차 끓이는 일처럼 사소한 것도 만족스럽게 못하는 사람이 큰일을 잘해낼 리가 없기 때문이다.

예를 들어, 누군가에게 기차표를 부탁했다 치자. 그런 부탁을 받고 아무렇게나 봉투에 넣어 건네준 것으로 자신의 일이 끝났다고 여기는 사람이 있는가 하면, 그 내용을 잘 살펴본 후 출발 시각, 도착 시각, 좌석번호 등을 봉투 겉면에 적어주는 사람도 있을 것이다. 이렇게 용의주도하고 빈틈없는 배려는 어떠한 경우에서든 유효하게 발휘된다. 사소한 일에서조차 이러한 배려는 큰 차이를 불러일으키는 것이다.

작은 일에도 항상 연구심을 발휘하는 사람은 그 일의 과정을 통해 일을 성공으로 이끄는 요령을 체득한다. 그리하여 큰일을 성취할 수 있는 사람으로 성장해간다. '작은 것이 곧 큰 것이다'라는 말과도 같은 것이다.

일에 대한 자세는 일의 크고 작고에 달려 있지 않다. 하찮은 일이라 하여 소홀히 여기는 태도는 잘못이다. 어떤 일에서든 그 사람의 됨됨이가 반영되어 결과로 나타나기 때문이다.

자기 자신을 알면 성공한다

우선 주어진 작은 일을 통해 모든 일에 대한 관찰력과 분석력, 그리고 창조력을 몸에 익히고 일에 대한 자세를 생각해본다.

학교에서는 시간에 대한 관념이나 중요성 따위를 가르쳐주지 않는다. 내가 첫 직장에 입사하여 첫 출장을 나갔을 때의 일이다.

첫 출장이었지만 내 나름대로는 꽤 좋은 성과를 거두고 돌아왔다고 생각했는데, 이튿날 아침 출장보고서를 작성해서 팀장에게 제출했다가 된통 혼이 났다.

"출장보고서는 돌아오는 차 안에서 정리해서 다음 날 출근하자마자 바로 제출해야 하는 거야!"

사회에서는 학창 시절에 배운 것만으로는 역부족이다. 아무 것도 모르는 초짜임을 인식하는 것이 중요하다. 그러니 우선 자기 자신을 아는 것부터 시작해보자.

누구든지 자기 자신을 잘 아는 것은 당사자라고 생각할 것이다. 그렇다면 이렇게 물어보자.

"당신의 장점은 무엇입니까?"

당신은 자신 있게 당장 대답할 수 있는가? 이상하게도 머뭇거리며 대답을 못하는 사람이 많은 것은 무슨 이유일까.

좋은 스승, 좋은 친구, 그리고 가족에게 늘 자신의 장점이나 단점에 대해 충고를 들을 수 있는 사람은 행복하다. 그런 사람은 솔직하므로, 직장에서도 선배들이 기꺼이 조언을 해줄 것이다.

대부분의 경우 일에 흥미를 느끼지 않는 것은 남에게 자랑할 만한 자기의 천성을 모르기 때문이며, 환경에 적응하지 못하기 때문이다. 다시 말하자면, 사람은 자기 자신에 대해 잘 모르고 있는 경우가 많다는 뜻이다.

그렇다면 이렇게 해보자. 표본이 될 만한 직장 선배의 좋은 점을 눈여겨본 후에 그것을 흉내 내어보는 것이다. 어느 정도 몸에 익을 때까지 거듭 의식적으로 되풀이해보도록 한다. 그게 몸에 배면 골프의 스윙처럼 자연스럽게 자신의 것으로 틀이 잡히게 된다.

누구든지 처음부터 일에 대해 자신감이 있는 것은 아니다. 한두 번의 실패에 단념하지 않고 과감하게 재도전하여 새로운 세계에 침투해간다. 무슨 일에서든 끈기 있게 지속하는 것이 무엇보다 큰 원동력이 되며, 그 일에 친근해져 두려움이나 거부감을 없애준다. 행동이 거듭된 경험에 의해 습관이 되며, 그것은 개성으로 발전할 것이다.

이처럼, 능력을 평가받는 성공 타입이 처음부터 따로 있는 것은 아니다.

어떤 경우에든 피하기보다 대항해나갈 수 있는 건전한 심신을 갖는 사람, 그리고 그것을 의식하는 사람만이 성공을 소유할 수 있다. 이런 성공에 대한 의식을 늘 간직한다면 반드시 방향이 보일 것이다.

'나는 과연 무엇을 하고 싶어 하는가?'

'그 일을 언제까지 하고 싶은가?'

'나는 그때 어떤 모습으로 되어 있기를 바라는가?'

이것이 진정한 긍정적 사고이며, 바로 행동으로 직결된다.

일을 하면서 누구든지 종종 벽에 부딪히게 된다. 때로는 반년, 때로는 10여 년 동안 그 벽을 넘지 못한 채 고뇌할 때가 있다. 그러나 이 벽을 도저히 깰 수 없을 것 같다며 지레 겁을 먹고 기피해버리거나 도망친다면 모든 것은 끝장이다.

때로는 도망치고 싶은 유혹에 엄청나게 시달릴 것이다. 하지만 도망치는 것은 곧 지는 것이다. 무엇인가 부족하기 때문이다. 그럴 때는 일을 떠나 생각해보도록 한다. 그러면 뜻하지 않았던 곳에서 해결의 실마리를 찾게 되기도 한다. 또는 생각이 미처 미치지 못했던 부분을 발견할 수도 있을 것이다. 그렇게 실마리만 잡으면 난관은 쉽게 타파할 수 있다. 그리고 하나하나 벽을 극복할 때마다 자신도 모르는 사이에 깜짝 놀랄 만큼 일에 대한 태도 또한 크게 발전하게 된다.

　어려운 장애나 난관에 부딪힐수록 대약진의 기회가 다가온다. 따라서 어려움을 기쁘게 맞이하는 자세가 필요하다.

　언제, 어느 때든 긍정적인 사고는 인간을 성장시킨다.

나는 대단한 사람, 자기최면 걸기

좋은 스승과 라이벌을 만들 것

어떤 분야에서든 일류라고 불리는 사람들의 이야기에는 반드시 좋은 스승이나 좋은 친구와의 만남이 소개된다. 그들에게 좋은 영향을 받아 성공했다는 얘기다.

헬렌 켈러는 보지도 듣지도 말하지도 못하는 역경을 훌륭하게 극복하여 뭇사람들의 놀라움과 경탄을 자아냈다. '삼중고三重苦의 성녀'라 일컬어지는 그녀의 뒤에는 설리반 선생과의 위대한 만남이 있었다. 그들의 이야기는 글이나 영화로 소개된 바 있으므로 여기서는 생략하겠다.

세상에는 어떤 분야에서든 선두를 달리는 사람이 있다. 그런 사람들을 정신적인 스승으로 삼거나, 서로 경쟁할 수 있는 친구로 갖는다는 것은 인생을 더욱 발전시키는 데 강력한 힘이 된다.

비즈니스의 입장에서 본다면, 우선 선배나 상사 중에서 좋은 스승의 본보기를 찾고, 동료 중에서 좋은 친구와 라이벌을 얻는 것이 성공으로의 키포인트가 된다.

"우리 회사에는 존경할 만한 선배가 한 명도 없고 믿고 따를 만한 상사도 없어."

이렇게 탄식하는 사람이 의외로 많다. 그러나 상대의 장점을 발견하고자 하는 자세가 없는 사람에게 스승이나 친구가 존재할 리 없다. 신경 써서 주위를 잘 돌아보면 자신에게는 없는 장점을 지닌 사람이 많음을 발견할 수 있을 것이다.

다른 사람의 장점을 찾고자 하지 않는 사람은 자신 역시도 소중하게 생각하지 않는다. 그리고 조직 속에서 홀로 고립된 채 '왜 나는 인정받지 못하는 것일까' 하고 불평한다.

하지만 개인은 조직이나 사회라고 하는 전체 속에서 인식되어질 때 비로소 그 가치가 높아진다. 그렇다면 자신을 돋보이도록 끊임없이 연구해야 하지 않겠는가.

다른 사람이나 모든 일에서 좋은 면을 보고, 듣고, 받아들이면서 거기에 자신을 맞추어가는 것도 좋은 방법이다. 그렇게 노력해가면 그때까지 보이지 않았던 것이 점차 하나둘 눈에 들어온다. 인간은 다른 사람이 호의를 가지고 접근해오면 자신 역시 호의로써 응하게 되어 무의식중에 자신의 참모습을 나타내보이기 때문이다.

★

그러고는 '사실 그는 마음이 따뜻한 사람이었구나'라든가 '객관적인 판단을 잘하는 상사야' 하고 마음의 거울로 상대의 장점을 비추게 된다. 이렇게 되면 좋은 스승, 좋은 라이벌을 얻게 될 뿐만 아니라, 자신의 마음이 자신을 좋은 방향으로 이끌어주는 스승의 역할을 하고 있음을 인식하게 될 것이다.

자신에 대한 기대가 성공으로 이끈다

인간은 때때로 상상도 못했던 힘을 발휘하기도 한다. 특히 스포츠 세계는 이러한 인간의 놀라운 힘의 과시를 여실히 드러내준다.

유사시에 스스로를 발효균처럼 완전히 숙성시킬 수 있는 그 에너지는 어디서 나오는 것일까. 그것은 주위의 기대를 한 몸에 모으며 좋은 스승, 좋은 라이벌에 의해 육성된 선수에게서 발휘되는 힘이다. 그는 선생님과 친구와 선배에게 "너는 훌륭한 재능이 있어. 좀 더 연습해봐"라는 격려의 말을 들으며 성장해왔을 것이다. 정말로 좋은 스승, 좋은 라이벌에 의해 육성된 선수라고 할 수 있다.

자신이 지니고 있는 힘 이상의 에너지를 발휘하게 되는 것은 자기를 높게 평가함으로써 '자신에 대한 기대감'을 높인 덕분이 아니겠는가?

자신을 정당하게 평가하기 위해서는 객관적 입장에서 자신을 바라볼 또 하나의 자신, 다시 말해 스승을 가져야 한다. 그 스승은 언제나 자신의 좋은 점을 인정하고 긍정적으로 평가해준다. 이 내면적인 소리에 의해 사람은 자신을 더욱 깊이 인식하고 자기의 존재 가치를 확신하게 된다.

자신의 존재 가치에 대해 마음속 깊은 곳에서부터의 확신이 없다면 타인의 신뢰를 기대할 수 없다. 타인의 신뢰 없이는 목표 또한 달성하기 어렵다.

자신을 높게 평가하라

일이 난관에 부딪혔거나 장래에 대한 불안감에 사로잡혀 있는 사람들의 이야기를 들어보면 한결같이 자신에 대한 평가가 낮고, 자신에 대한 기대감이 빈약하다. 반면, 순풍에 돛을 달고 있는 것처럼 발전하고 있는 사람은 말 한마디에도 밝고 힘이 있으며 스스로를 자신 있게 그리고 높게 평가하는 경우가 많다.

자신을 적극적으로 높게 평가하려는 노력은 성공으로 가는 기본적 조건이다. 그리고 가장 유효한 방법은 자신의 장점이나 지금까지의 실적, 인생 체험, 인간관계 등 현재 자신을 둘러싼 긍정적 평가를 강하게 의식하는 것이다.

'난 좋은 인간관계를 맺고 있어!'

'난 이것을 할 수 있어.'

'나에게는 사랑하는 가족과 튼튼한 몸이 있지 않은가!'

'이제부터는 잘되어갈 거야!'

이렇게 자신을 긍정적으로 받아들이며 장래에 대해 기대감을 품도록 한다. 그리고 지금 현재 자신이 존재하고 있다는 것에 감사하며, 자신만의 개성을 마음껏 발휘할 수 있도록 늘 노력하는 자세를 가져야 한다.

긍정적 사고로 바꾸는 훈련법

사람들은 장거리 마라톤에서 선두로 들어오는 1등을 환호성과 박수로 맞이한다. 최후로 골인하는 선수에게도 박수를 보내지만, 그것과는 사뭇 의미가 다르다.

사람들은 성공한 사람을 흠모한다. 그 사람을 따르고 싶어 하며 그 사람의 인생관을 배우고자 한다. 그리고 성공한 사람은 틀림없이 자신을 믿고, 자신에게 기대를 걸며, 일에 열중한다. 게다가 적극적이며 낙관적인 자신의 가치관을 강조할 것이다.

경쟁자를 물리치고 선두로 들어온 우승자가 완주를 마친 후 한결같이 하는 말이 있다.

"주위의 기대에 어긋나지 않도록 최선을 다했습니다."

이제 이들의 공통점을 찾아냈는가? 그건 바로 자신에 대한 강한 기대감이다.

대부분의 사람은 자신을 소극적이고 비관적이며 회의적인데다 나약한 인간이라고 평가한다. 그렇기 때문에 강력하고 적극적이고 낙관적인 사람에게 끌리는 것인지도 모른다. 즉, 누구나 일반적인 성공의 조건이 무엇인가를 무의식중에 알고 있는 것이다.

그렇다면 어째서 당신은 그렇게 되지 못하는 것인가. '될 수 없다'가 아니라 '되려고 하지 않는다'는 이유 때문이 아닐까 싶다.

이제는 머릿속에 인생과 일에 대해 좋은 이미지를 떠올릴 수 있도록 긍정적 사고로 전환해야 한다. 그러기 위해서는 꾸준한 훈련이 필요하다.

다음 소개하는 훈련법을 참고하여, 당신도 긍정적 사고형의 인간이 되기를 바란다.

① 하루, 일주일, 한 달, 일 년을 시작할 때, 적극적인 말로 자신을 세뇌시킨다.

② 상대방에게서 좋은 면, 장점을 찾아내려고 애쓴다.

③ 불합리한 일이 생겼다면, 그것을 교훈으로 삼는다.

④ 곤란한 일이 발생하면 그것을 기회라고 여기고, 객관적인 시각에서 해결책을 모색해낸다.

⑤ 부하에게 적극적인 기대감을 나타낸다. 상대방에게 '기대를 하고 있다'는 감정을 부여한다.

⑥ 엘리트, 성공한 사람, 적극적인 사람들과 교제한다.

⑦ 인물 평가는 긍정적으로 한다.

⑧ 긴장되는 자리에 나가더라도 마음의 평정을 유지하도록 훈련한다.

⑨ 책이나 잡지, 신문기사는 지식을 습득할 수 있고 의욕을 불러일으킬 만한 것부터 읽는다.

⑩ 몸을 건강하게 유지한다. 미리 예방할 수 있는 것은 예방하고, 고칠 수 있는 것은 조기에 치료하여, 언제나 활기차고 미소 띤 얼굴을 갖도록 한다.

⑪ 생각과 행동을 일치시킨다. 영업 실적을 올리고자 희망한다면 거기에 부합되는 행동을 취한다.

⑫ 자신의 장점을 열 가지 적어보고, 그것을 더 바람직한 방향으로 개선시키려 노력한다.

이것은 '신 것을 보면 입 안에 저절로 침이 고이는' 현상, 즉 파블로프의 개 조건반사처럼, 상상력과 생리작용의 관계를 이용한 것이다. 인생의 목표를 머릿속에 그려보고 긍정적 사고형의 인간으로 개조해가는 구체적인 훈련법을 잘 기억해두고 실천해 나가기 바란다.

나 자신 지배하기

자신을 존경하라

스스로 자신을 지배할 수 있다는 말은 인생을 자신이 뜻하는 대로 살아갈 수 있다는 것을 의미한다. 그런데 그것은 의외로 간단하다. 스스로를 지배하기 위해서는 반드시 자기 자신을 존경하는 마음을 가져야 한다. 자존심을 상실한 사람은 누구든 자신의 진정한 주인이 되기를 기대할 수 없기 때문이다.

이 자존심의 손상이 많은 사람의 발전을 저해하고 있다. 이런 사람들은 무의식중에, 자신은 이 세상에서 좋은 기회를 부여받을 자격이 없는 것으로 여기고 있다. 그들은 나름대로 성공을 위한 애처로운 시도를 해보지만 그때마다 실패하고 만다. 그러면 자신은 불행하다든가, 성공하기는 틀렸다고 체념한다.

우리는 다른 사람이 충분한 태도로 자신의 잘못에 대해 사과하면 기꺼이 용서한다. 또한 내가 잘못했을 경우에도, 상대방에게 똑같이 용서받기를 바랄 것이다.

그런데 딱 한 사람, 예외가 있다. 그것은 다름 아닌 우리 자신이다. 자기 자신을 자기가 용서해야 한다는 것이 이상하게 들릴지도 모르겠다. 그러나 잘 생각해보면 나 역시 다른 사람의 일부임을 알 수 있을 것이다.

따라서 다른 사람을 용서하는 일이 옳은 것이라면 자신의 잘못도 용서하는 일 또한 똑같이 옳다.

자신에 대해 품고 있는 악의에 찬 마음이나 비관적인 생각을 깨끗이 제거하자.

인간은 누구든지 잘못을 저지를 수 있음을 알아야 하며, 설령 잘못이 있다 하더라도 과거의 잘못에 얽매이지 않고 빠져나오는 것이 더욱 중요한 일임을 알아야 한다.

자기 자신을 분석해본다

만약 당신이 그리 순탄하지 못한 사업을 인수해야 한다면 먼저 무엇을 할 것인가? 우선 그 기업의 모든 면에 대해서 포괄적으로 연구를 시작할 것이다. 그 사업의 취약점이나 결손 상태에 관해 연구할 것이지만, 장점이나 밝은 전망에 주목해서 사업을 활성화시킬 방법도 찾을 것이다. 그리고 분석이 다 끝나면, 문제점

★

은 줄이고 긍정적인 점을 확대시키도록 결정을 내릴 것이다.

이러한 과정은 사업뿐만 아니라 자기 자신에 대해서도 마찬가지다. 당신이 지금 자신을 지배하려고 한다면 자기 자신에 대해서도 이와 같은 조치를 취하는 게 좋다.

다시 말하면, 자신의 특성 중에서 소극적이고 부정적인 면을 찾아 그것을 없앨 계획을 세운다. 또한 자신의 적극적이고 긍정적인 면을 발견하여 그것을 적극 살리는 것이다.

다음으로 자신을 지배하려면, 자신을 분석해보는 것이 필요하다. 자기 검토의 결과를 기록해보는 것도 바람직한 방법이다.

빈 종이 한 장을 준비하여 반으로 나누고, 왼쪽에는 '좋은 점', 오른쪽에는 '나쁜 점'이라고 쓴다.

우선 자신의 부정적인 면을 오른쪽에 적는다. 평상시에 이러이러한 성격은 없었으면 하고 바라던 소극적인 면, 예를 들어 자신이 배타적이며 부끄러움을 잘 탄다면 그것도 낱낱이 적는다. 어떤 나쁜 습관의 노예가 되어 있다면 그것까지 적는다. 하여간 자신의 나쁜 점을 빠짐없이 기록하는 것이 중요하다.

그리고 왼쪽에는 자신의 좋은 점을 쓴다. 자신의 장점을 인정하는 것은 결코 이기주의가 아니다. 나 자신을 지배하려고 싸우고 있는 것일 뿐이다.

만약 성격이 좋다면 자신을 지배히는 데 더욱 유리해질 것이므로 남김없이 적는다. 당신이 나쁜 면이 많다고 생각했던 것에 못지않게 좋은 면도 생각보다 길게 나열될지 모른다. 자신의 정

직성, 따뜻한 인간성, 친화력 등등 조금이라도 좋다고 생각되는
점이 있다면, 다음 예를 참조하여 모두 리스트에 올린다.

좋은 점	나쁜 점
· 정직하다	· 소심하다
· 믿을 만하다	· 이기적이다
· 깨끗한 것을 좋아한다	· 잘 토라진다
· 가능한 한 남의 입장에서	· 시기심이 강하다
이해하려고 하는 편이다	· 낭비가 심하다
· 배려를 잘한다	· 계획성이 없다

물론 이것은 단지 좋은 점과 나쁜 점을 나열해보고자 하는 것
이 아니다.

분석을 진행하기 위한 리스트가 충분히 작성되면, 현재 있는
그대로의 자기 자신이라는 그림이 형성될 것이다. 이것으로 자신
을 지배하려는 싸움의 한 걸음을 더 내디딜 준비가 된 셈이다.

긍정적인 면을 실천해본다

두 번째의 시도에 의하여, 의외의 결과가 새로운 사실로 나타
났을 것이다. 자신이 그렇게 형편없는 인간은 아니라는 사실이
다. 물론 부정적인 면도 많이 있지만, 그것들은 긍정적인 면의 항

목에 의해 충분히 상쇄되었을 것이다.

이제 세 번째 단계로 넘어가는데, 부정적인 경향을 극복하고 긍정적인 특성을 장려할 수 있도록 행동 계획을 세우는 일이다.

하루아침에 기적을 이룩하려고 해서는 안 된다. 왜냐하면 부정적이건 긍정적이건 간에, 그것이 형성되는 데도 몇 년, 몇 십 년이 걸렸을 것이기 때문이다. 그러므로 그것을 바꾸는 데 어느 정도의 시간이 걸릴 것을 각오하지 않으면 안 된다.

우선 부정적인 면을 극복하는 데 전력을 기울여라. 좋지 않은 점을 하나씩 해치울 때마다 자동적으로 자신의 긍정적인 면이 더욱 힘을 얻기 때문이다.

부정적인 면의 리스트 항목을 음미하면서 먼저 무엇부터 손을 대야 할지를 결정한다. 우선 실천이 가능한 것 외의 것은 손을 대지 않는 게 요령이다.

사람에 따라서는 한꺼번에 모든 것을 해결할 수도 있을지 모르지만 그럴 자신이 없으면 우선 몇 가지만 먼저 실천해본다. 그리고 부정적인 면을 없애려고 결심한 이상 결코 포기하거나 물러서서는 안 된다.

또한 완전한 승리를 거두어야 하기 때문에, 이 싸움에서 서둘지 말 것을 스스로 결심한다. 맨 처음 선택한 부정적인 면을 없앤 다음 두 번째의 공격 목표를 선택하는 식으로 차근차근 진행해야 하는 것이다.

부정적인 면과의 싸움과 병행해서, 긍정적인 면 가운데 한두

★

가지를 선택하여 더욱 활성화하는 시도도 바람직하다. 다만 매순간마다 명심할 것은, 그 일을 하고 있는 것이 바로 나 자신, 유일한 주인이며, 스스로 나의 미래를 개척하여 만들어가고 있다는 점이다. 그래야만 긍정적인 사고방식으로 자신을 지배할 수 있는 삶을 영위하게 되는 것이다.

최고의 비밀적금, 인맥 적립하기

인생을 긍정적으로 사는 요소

충실한 인생을 위해서는 세 가지 행복이 필요하다. 첫째, 열중할 수 있는 일을 갖는 것이다. 둘째는 원만한 가정을 갖는 것이고, 셋째가 풍부하고 원만한 인간관계를 갖는 것이다.

첫 번째 것은 성공한 사람이라면 누구나 강조하고 있는데, 좋아해서 열중하여 일하는 그 자체가 일에 능숙해지는 지름길이라는 것이다. 자신의 적성이나 취미에 맞는 직업을 갖는 것은 자신의 힘을 마음껏 발휘할 수 있는 장소를 부여받은 것이나 다름없다. 더욱이 현대는 옛날처럼 '목구멍에 풀칠하기 위해 일하는 시대'가 아니다. 다양하고 수많은 직업 중에서 자신에게 맞는 것을 선택하는 시대인 것이다.

두 번째 것에 대해서는 거듭 강조할 필요가 없을 것이다. 물론 가정생활을 그다지 중요시하지 않는 사람이 없지는 않다. 하지만 가정은 성공적인 인생을 가꾸는 기반이라는 사실을 항상 인식해야 한다.

경영의 귀재인 E 회장은 이렇게 말한다.

"현재의 내가 존재할 수 있는 힘의 근원은 가정에 있으며, 옛날부터 거래처를 정할 때도 그 사장 부부가 원만한 사이인지 아닌지를 중요한 요소 중의 하나로 보고 있다."

이 바쁜 세상에 그런 것까지 신경 쓸 수 있느냐고 항변할지 모르지만, 나는 그런 것까지 고려했기 때문에 오늘의 E 회장이 있는 것이라고 본다.

세 번째 것의 '사귐교제'은 인생을 한층 더 풍요롭게 해주는 역할을 한다. 직장에서든 가정에서든 말할 나위가 없으며, 사회생활에서도 '사람과의 교제'는 인생을 긍정적으로 살아가게 하는 최대의 요소이다.

그렇다면 어떠한 인간관계가 인생을 풍요롭고 충실하게 만들어줄까?

근묵자흑近墨者黑은 '먹을 가까이하는 사람은 검어진다'는 뜻이다. 나쁜 사람과 가까이 지내면 나쁜 버릇에 물들기 쉽다는 것을 비유적으로 이르는 말이다.

직장에서 상사나 회사에 대해 늘 불평만 늘어놓는 무리들과 친하게 지내면, 어느 사이엔가 자신도 '불평쟁이'가 되어버린다.

사람이란 무의식중에 주변 사람들의 영향을 받기 쉬운 존재이기 때문이다.

따라서 타인의 영향을 받을 바에는 긍정적이고 바람직한 영향을 받도록 노력하는 것이 좋다. 그러기 위해서는 자신을 더 높여줄 상대를 선택해서 적극적으로 교제하는 것이 좋지 않겠는가.

자기 인생의 스승으로 모실 만한 사람, 그리고 친구로 삼을 만한 사람을 신중하게 선택하는 것이 좋은 인간관계를 유지시키는 요령이다. 그래야만 하나라도 더 배우고 자신을 향상시킬 수 있기 때문이다.

중요한 것은, 선택하는 눈이 자신에게 있다는 점이다. 일류의 사람과 사귀면 일류가 될 수 있다. 이류의 사람과 교제하면 이류를 넘어설 수 없다.

사람을 가려서 사귄다고 해서, '너무 잇속만 차린다'거나 '순수해야 할 만남에 그런 계산을 하는 건 너무 이기적이다'라는 비난을 받을까 봐 걱정할 필요는 없다. 사람을 가려서 만남을 가진다는 것이 이류 이하의 사람을 왕따시키거나 무시하려는 것도 아니고, 일류인 사람에게 아양을 떨거나 피해를 끼치려는 것도 아닐뿐더러, 무엇보다도 나 자신의 미래와 발전을 위한 일이기 때문이다.

스승이나 친구로 삼을 대상으로, 반드시 배울 점이 많은 사람만 선택하는 것은 아니다. 자신에게 없는 면을 갖춘 사람도 좋고, 탐구심이 왕성한 사람도 바람직한데, 아무튼 모든 일에 적극적이고 진취적이며 긍정적인 사람과 교제하면 좋을 것이다.

그런데 잊지 말아야 할 것은, 일류인 상대방이 당신과 교제를 시작하고 유지하고 싶은 마음이 들도록, 항상 실력을 쌓고 자신을 높이도록 노력해야 한다는 점이다.

사람을 좋아해야 사람이 모인다

사람들 중에는 아무런 이유 없이 호감이 가지 않는 사람이 있게 마련이다. 대개 한두 번 정도 만나보고는 '사람이 어째 주는 것 없이 미워'라거나 '그 사람하고는 어떤 이야기도 안 통해'라는 이유 같지도 않은 이유를 들먹이며, 더 이상 교제를 지속시키지 않으려 한다. 그러나 그것은 좋지 않은 버릇이며, 그럴 때 당신이 속마음에서라도 싫다고 생각하면 상대방도 같은 감정을 품게 된다는 것을 명심하기 바란다.

'이야기가 통하지 않는다'는 것은 인생 경험이나 사고방식의 차이에서 비롯된다. 그 때문에 어떤 사안에 대하여 서로 다른 관점에서 생각하고, 서로의 장단점을 배울 수 있다는 측면을 고려한다면 교제가 한결 수월해진다.

우리는 대개 알고 지내는 사람은 많지만 진정으로 교제하고 있는 사람은 소수일 경우가 많다. 진정한 교제가 있어야 비로소 상대방을 이해하고 인간의 다면성多面性을 알 수 있는데, 진정으로 교제하지 않기 때문에 인간에 대한 이해도를 향상시키기 어려운 경우가 많다.

흔히 편식이 심한 어린이는 그 부모에게 책임이 있다고들 한다. 어떤 음식이든 요리 방법에 의해 맛있어질 수도 있고 그렇지 않을 수도 있기 때문이다. 그렇다면 우선 자신이 요리사가 된 심정으로, 상대에게 맞추어 교제를 해보는 것이 어떨까.

새로운 사람에게는 아무런 편견 없이 흥미를 가지고 솔직하게 접근해보도록 한다. 사귀어보지도 않았으면서 짐작만으로 좋고 싫다고 단정하는 것은 어불성설이다. 하물며 한두 번 정도의 인상만으로 그 사람을 결정짓는다는 것은 더욱 바람직하지 못하다.

당신과 이질적으로 느껴지다 못해 다른 세상에 사는 사람처럼 보이더라도 기꺼이 사귀어보겠다는 마음가짐을 가져야 한다. 다시 말하자면, '교제'에 결코 배타적이어서는 안 된다는 것이다. 세상에는 '사람을 싫어한다'고 공공연히 밝히면서, 그것을 자신의 개성으로 내세우는 사람도 있다. 그러나 비즈니스맨에게 이것은 절대 금물이다. 비즈니스맨에게는 '사람을 좋아하는 마음'이 필수조건이기 때문이다.

당신이 항상 사람을 이해하고 좋아하려는 마음가짐을 가지고 생활한다면, 당신도 모르는 사이에 포용력과 인간미 넘치는 사람이 되어 있을 것이다.

코드에 맞는 사람만 사귀지는 말라

사람들은 대개 타인의 단점은 쉽게 발견하고 몹시 비판한다. 그러나 자신의 단점에는 상당히 관대하다.

"타고난 성격이 내성적이라 행동력이 부족한 건데…… 어쩔 수 없지, 뭐."

"원래 내가 성질이 급하고 외향적이라서 좀 덤벙대는 편이지. 그래도 돌다리 두들기는 식이나 조심조심하는 건 나하곤 안 어울려."

이렇게 자신에게는 무척 관대하고, 자신의 나쁜 점을 쉽게 용납한다. 그리고 자기와 잘 맞는 사람하고만 교제하려고 한다.

10여 년 전, 중소기업이지만 제법 규모가 큰 회사의 사장과 한동안 교제한 적이 있다. 그 업계에서는 선두주자였는데, 그의 주변 인물들을 보면 한결같이 그와 비슷한 사람들뿐이었다. 그는 자신과 성격이나 코드가 맞는 '예스맨yesman'만을 사귀고 있었던 것이다. 그런데 그 회사는 지금 과도한 채무 때문에 공중분해된 상태다.

물론 그 이유가 사장의 편협한 인간관계 때문이라고 단정지을 수는 없지만, CEO와 인간관계의 폭은 불가분의 관계인 것만은 틀림없다. 아랫사람을 많이 관리해야 하는 사람일수록 인간관계의 폭도 넓어야 한다는 것은 비즈니스계의 상식인 것이다.

인간관계에서 내 생각, 내 가치관, 내 문화에 맞도록 초점을 맞추면 자기 자신밖에 보이지 않는다. 모든 것이 자기 세계를 중신으로 해서만 보여질 뿐이다. 그러나 자신에게 정면으로 대항하여 의견을 말해주는 사람, 자신과 다른 견해나 사고방식을 지닌 사람, 다른 계통의 사람, 연령층이 다른 사람 등등 폭넓게 사귀어 보아야 비로소 자신이 몸담고 있는 세계가 객관적으로 보이게 된다. 또한 나와 이질적인 사람은 나에게 긍정적인 효과를 초래해 성장의 동기를 만들어주는 경우가 많다.

예를 들면, 내성적인 사람은 겸손하고 사려가 깊기는 하지만 행동으로 옮기는 데 시간이 걸리고 우유부단하다는 단점이 있다. 반면, 매사에 신중하고 조심스럽게 일을 처리하는 장점을 지니고 있다. 외향적인 사람은 착상에 떠오른 것을 손쉽게 실행으로 옮기며, 다른 사람과 쉽게 사귄다. 하지만 다소 사려 깊지 못한 경우가 있다. 그것은 가끔 자신과 타인에게 좋지 않은 영향을 끼치기도 한다.

누구에게든 장단점은 있다. 그리고 장점은 살리고 단점은 반성하는 사람에게만 성장이 지속된다. 행동력이 부족하다고 느낀다면 행동력이 있는 사람에게 적극적으로 접근해보라. 그리고 차츰차츰 그 사람의 장점을 흉내 내어보는 것이다. 의식적으로 흉내를 내면 차츰 그것이 몸에 배어 자신의 것이 된다.

자신과 비슷한 성격의 사람들하고만 교제한다면 그 나름대로의 편안함은 있겠지만 성장은 기대할 수 없다. 그리고 성장하지 못하면 더 높은 차원의 사람들과 연결될 기회를 잃어 인생의 충실감과 풍요로움을 맛볼 수 없을 것이며, 늘 그 자리에 머물 뿐이다.

'고인 물은 썩는다'는 격언을 명심하자.

비즈니스맨의 비밀적금

나는 본래 호기심이 많은 편이어서 다양한 사람과의 교제를 즐기고 있다. 그것은 나에게 소중한 정보원이 되어주기도 하고 내 행동 반경을 더 넓혀주는 요소가 되기도 한다.

우리는 인맥에 의해 상당히 많은 것을 배울 수 있다. 1대 1의 교제에서 2대 1, 3대 1이라는 식으로 그 범위가 넓어질 수도 있다. 가령 본디의 내 힘이 다섯이라면, 인맥을 잘 활용하면 두 배, 세 배의 힘을 발휘할 수도 있다. 실제 자산은 1억 원인데 평가액은 2억 원, 3억 원이 되는 일이 있는 것처럼, 인맥은 인생의 큰 비밀적금이라 할 수 있는 것이다.

비즈니스맨에게는 비밀적금을 얼마나 축적하고 어떻게 평가받는가 하는 것이 성공의 관건이 되기도 한다. 또한 활동 범위를 넓히는 주요점이기도 하다.

비밀적금을 축적하기 위해서는 시간과 노력을 아끼지 말아야 한다. 더불어서, 늘 겸손하게 사람을 대하는 것이 중요하다. 이것은 인생을 풍요롭게 하는 대원칙이며, 비즈니스 인생을 긍정적인 방향으로 확대시켜 나아가는 기본이기도 하다.

진짜 소통으로 마음 사로잡기

사람을 움직이는 핵심

사물을 만들고 움직이게 하기 위해서는 사물에 대한 법칙을 알 필요가 있다. 사물의 법칙이란 곧 물리物理이다. 마찬가지로, 사람을 키우고 움직이려면 인간성의 체제를 알아둘 필요가 있다. 그것이 인간의 마음의 법칙, 곧 심리心理이다.

사람에게는 이성적인 사고력이 있다. 그래서 대개 좋다고 생각하는 것은 일반적으로 좋은 것이며, 그걸 실천에 옮기면 반드시 좋은 결과를 얻을 수 있다는 것이 상식이다. 또한 확실히 이성적으로 사고하고 행동하면 바람직한 결과를 얻을 수 있디고 여긴다.

그런데 특히 인간관계에서는 이것이 그럴듯할 뿐 어긋나는 경우가 많다. 이상을 좇아 거기에 적합한 언행을 했음에도 결과는 생각처럼 되지 않는다. 그래도 대부분의 사람이 젊었을 때는 이 이론을 실천해보려고 우왕좌왕하기도 한다. 하지만 그런 체험이 반복되는 사이에 '사람의 마음'은 이론대로 쉽사리 움직일 수는 없는 것임을 체득하게 된다.

다시 말하면, 인간 사회는 그럴듯한 이론만으로 움직일 수 있는 것이 아니라는 뜻이다. 거기에는 자아와 이해관계, 좋고 나쁜 감정이 뒤섞인 본심의 공간이 존재하고, 그것들에 의해 움직이고 있다.

사회에서 성공한 사람 대부분은 '사람을 움직이는' 핵심어를 파악하고 있다. 상대가 말하는 이론이나 이유를 일단은 존중하지만 결코 그것을 액면 그대로 받아들이려고 하지 않는다. 그것이 진정한 해결법이 될 수 없음을 알기 때문이다.

그보다도 그 이면에 숨어 있는 본심을 재빨리 간파하여 심리적인 접촉으로 상대의 마음을 열게 한다. 술자리를 마련하는 것도 그 방법 중 하나이다.

사람은 마음의 겉에 '허위'라는 옷을 입혀놓은 채 살아가고 있다. 그러나 한편으로는 그 옷을 벗어버리고 진심, 즉 자신의 꾸밈 없는 본심으로 살아가고 싶어 하는 본능적인 갈망도 있다. 그 갈망을 해소시켜줄 사람이야말로 사람들의 심리를 잘 파악하고 있는 것이다.

사람은 3할의 이성과 7할의 감정으로 움직인다고 한다. 우리

주변 사람들의 심리를 파악하는 것이 인간 사회의 불가사의를 푸는 열쇠가 될 것이다.

실리보다 마음을 잡아야 움직인다

사람의 마음이 움직이는 경우를 크게 나누면, 이성적인 면에서 만족했을 때와 감정적으로 만족했을 때이다.

이성적인 면의 만족감이란 인격 존중이며, 정당한 평가이고, 거기에 상응하는 이익 배분이다. 감정적인 면의 만족이란, 곧 마음의 만족이다. 일에서 흥미를 느낄 수 있다, 감동이 있다, 새로운 것과의 만남이 있다 등은 모두 마음의 만족감으로 연결된다.

앞으로는 특히 마음을 만족시켜주지 못하면 사람을 움직이기 어려울 것이다. 지금까지 그저 물질적인 풍요함만을 추구하던 시대를 살아온 우리는 그것만 충족할 수 있다면 다른 것의 희생도 감수했었다. 그러나 현대는 물질적인 풍요가 목표가 될 수 없다. 신세대들은 일에서도 당연하게 '즐거움'과 '흥미'를 요구하게 되었다. 그것을 얻을 수 없다면 신세대들은 미련없이 떠나간다. 신세대들에게 인생이란 즐겁고 멋지지 않으면 의미가 없기 때문이다.

이런 신세대의 언행을 이해할 수 없는 연령층은 도저히 그들의 심리 상태를 파악할 수 없을 것이다. 그래서 그들에게 존경을 받을 수도, 또한 그들을 움직일 수도 없다고 한탄하게 된다.

편견으로는 사람을 움직일 수 없다

그러면 인간은 어떤 계기로 움직이는 것인지를 구체적으로 살펴보자.

① 비즈니스맨은 자신의 노력이나 역할에 대해 공정한 평가를 바란다. 예를 들면, 급여나 대우 등이 타인과 비교했을 때 공정한지를 궁금해한다. 그래서 공정하다고 판단되면 더 열의를 갖고 일을 한다.

② 사람은 누구나 자신의 존재 가치가 크게 평가받기를 갈망한다. 자신의 존재가 필요한 곳에서 의욕도 솟구친다.

③ 회사가 자신에게 기대하고 있는 것이 무엇인지 알고 싶어한다. 상사는 회사의 기대 내용을 확실하게 인식시켜줄 필요가 있다.

④ 비즈니스맨은 현재 자신의 일이 상사의 기대만큼 진행되고 있는지 알고 싶어 한다. 상사는 목표를 부여하고 그것을 달성하는 수단과 방법을 명확하게 제시, 확인한다.

⑤ 비즈니스맨은 업무상의 혼란을 가장 싫어한다. 상사의 변덕이나 순간적인 충동 따위 때문에 업무 방침이 제멋대로 변경되는 것에 반항적인 태도를 보인다.

⑥ 사람은 누구든지 기회가 평등하게 주어지기를 바라고 있다. 언제나 일부 사람에게만 기회가 주어진다면 일에 대한 의욕을 상실하고 말 것이다. 예상치도 못한 곳에 대단한 능

력의 소유자가 있게 마련이므로 '기회는 평등하게'를 철칙으로 한다.

⑦ 비즈니스맨은 회사의 모든 중요 사항을 알고 싶어 한다. 회사에 무슨 일이 발생하였고 그 이유는 무엇인가 등의 정보에 깊은 관심을 갖고 있다. 그것이 참여의식을 높이는 일과도 결부된다.

⑧ 70퍼센트 정도 안심할 수 있다면 부하 직원에게 일의 권한과 책임을 위임하도록 한다. 나머지 30퍼센트는 본인 노력에 따른 성과에 달려 있어서, 그것이 의욕을 불러일으키는 계기가 되어줄 것이다. 100퍼센트 완벽하게 믿을 수 있다고 느낀 후에야 일을 맡긴다면, 100퍼센트의 일밖에 해낼 수 없다. 미덥지 않은 30퍼센트가 용수철 역할을 하여 100퍼센트를 초과하는 일도 가능하게 된다.

⑨ 부하 직원에 대해 '사람을 부린다' 또는 '사람을 관리한다'라는 발상보다는 '인생의 동반자'라는 자세로 대한다. 지배와 피지배의 관계로는 좋은 결과를 기대할 수 없다. 사람은 지배받는 것에 대해서는 반감을 품기 때문이다.

⑩ 사람 마음의 70퍼센트는 감정에 의해 움직인다. 다시 말해, 사람은 느끼고 움직이며, 느끼고 변화한다. 그러므로 높은 지위에 있는 사람일수록 솔선수범이 중요하다.

어떠한 경우에도 사람에 대해서는 정당한 판단이 기본이다.

편견은 자기 자신 외에는 누가 보더라도 '어리석은 태도'일 수밖에 없다. 그래서 사람들은 정당한 판단을 할 수 있는 사람을 존경하고 따르는 것이다. 의리와 정의 역시 중요하지만 그것은 정당한 판단을 내린 후의 문제이다.

정당한 판단을 하기 위해서는 상대의 인간성을 올바르게 보아야 한다. 그러자면 선입관을 갖지 말고 상대를 있는 그대로 바라보아야 한다. 가까이 다가가면 실상이 보일 것이고, 멀리서 바라보면 전체적인 모습을 볼 수 있을 것이다.

공감은 마음을 여는 열쇠

인간만큼 그 내면이 깊고 불가사의해서 이해하기 힘든 존재도 없다. 그 때문에 인간은 알면 알수록 더욱 난해하다.

하지만 사람을 좋아하는 사람은 사람들의 심리를 잘 파악한다. 그리고 사람의 마음을 조종하는 데 능숙하다. 본질적으로 사람을 좋아하기 때문일 것이다.

근본적으로 인간을 사랑하지 않는 사람이 다른 사람을 움직이는 건 어려운 일이다. 또한 남에게 신뢰도 존경도 받지 못하는 사람에게 다른 사람을 움직일 힘이 있을 리 없다.

너무 인간의 정에 빠져서 나약해지는 것을 경계해야겠지만, 늘 따뜻한 정을 지닌 사람이 되어야 한다. 서로를 이해하고 위해 주는 따뜻한 유대관계와 신뢰로 맺어진 인간관계를 바탕으로 하였을 때에만 이상을 향해 더불어 나아갈 수 있기 때문이다.

상대를 알고, 사람을 이해하며 공감을 높이는 바로 이 점에 '사람을 움직이는 비결'이 숨어 있다.

사내 인간관계, 최상으로 만들기

인연을 소중하게 다뤄라

사람과 사람과의 '운명'이란 실로 신비로운 것이다. 60억의 지구촌 사람들 중에서 어떤 인연이 있어 함께 일하는 동료가 된 것일까. 그러고 보면 이것은 정말 운명적인 만남이라 아니할 수 없다.

'다른 사람과의 교제'에서 근본을 이루는 것은 이 인연을 소중하게 여기는 마음이다. 이 불가사의한 인연을 살려서 힘을 합치고, 함께 기쁨과 슬픔을 나누는 인생을 살아가고자 하는 마음가짐이 밑바탕에 깔려 있어야 한다. 그런데 이 인연을 더 끈끈하게 하려면 '호의적인 관계'를 유지하는 것이 반드시 필요하다.

흔히 말하는 '마음이 잘 맞는다'는 감정으로 시작되었다면 서로 자연스럽게 호의를 느껴 별 문제가 발생하지 않을 것이다. 이런 사람들끼리는 무슨 일을 하여도 잘 진행되는 듯싶다.

그러나 공식적인 관계나 조직 속의 인간관계에서 처음부터 서로 호의를 갖기란 힘든 일이다. 그러므로 호의적인 관계로 만들기 위해 노력해야만 한다. 특히 부하 직원을 관리하는 입장이라면 이것을 절대적인 조건으로 생각해야 한다. 오직 노력에 의해서만 호의적인 관계가 강화된다고 생각하는 것이 옳은 것이다.

그러면 상사와 부하 직원, 또는 고용인과 피고용인 사이의 호의적인 관계란 어떤 것일까. 그것은 상사고용인에게 부하 직원피고용인은 '없으면 곤란한 사람'이며 '필요한 존재'라 할 수 있다. 또한 부하 직원의 입장에서 본다면 상사는 '필요한 존재'로 여겨지는 관계이다.

조직에는 오로지 세 종류의 사람만이 존재한다. 없어서는 안 되는 사람, 있든 없든 상관없는 사람, 있으면 곤란한 사람이다. 이것은 상사의 입장에서든 부하 직원의 입장에서든 마찬가지다.

부하 직원에 대해 이런 불평을 하는 친구들이 있다.

"내 밑에 P 대리라고 있는데 말이야, 어찌나 얄미운지……. 하라는 일은 안 하면서 제 권리만 또박또박 찾아먹으려고 한다니깐. 그 녀석 때문에 요즘 회사생활이 영 불행해."

그러나 P 대리 또한 사신을 못마땅해하는 상사 때문에 전전긍긍하면서 불행한 회사생활을 하고 있을 것이다. 호불호의 감정은 말하지 않아도 상대에게 잘 느껴지기 때문이다. 어쩌면 더 나아가, 자신의 상사가 자신을 회사에 '있으면 곤란한 사람'으로까지 생각할지도 몰라 불안하기 짝이 없을 수도 있다.

이 두 사람 사이에는 '호의적인 관계'가 존재하지 않는다. 두 사람은 60억 명 중의 그 귀중한 인연을 허사로 만든 것이나 다름 없다.

유능한 인재를 원한다면 불평하기에 앞서 먼저 부하 직원을 그렇게 만들려고 노력해야 한다. 부하 직원의 좋은 면, 뛰어난 면을 적극적으로 발견하고 평가해주어야 한다. 누구든지 자신의 존재 가치를 높게 평가해주는 상사에게 호의를 갖게 될 것이며, 실망시키지 않기 위해 더욱 노력할 것이며, 분골쇄신의 의욕도 가지게 된다.

사원들을 그룹별로 나누고 일을 나누어주는 것도 부하 직원의 동기유발에 좋다. 소그룹으로 나누면 반드시 책임자가 아니더라도, 적은 인원으로 목표를 달성해야 하므로 개개인에게 저마다의 역할이 주어진다. 그렇게 되면 누구나 자신의 입장에서 최대한 능력을 발휘하고자 분투하게 된다.

역할을 갖는다는 것은 책임을 지는 일이기도 하며 거기서 개개인의 존재 가치가 생성된다. 존재 가치를 인식하면 더욱 의욕이 생겨 일에 흥미와 열의를 갖는다. 그렇게 되면 부하 직원은 자신의 존재 가치를 느끼게 해준 상사에게 호의를 느낄 것이 틀림없다.

목표 설정으로 감동 체험을 공유한다

주인의식이 있는 사원들은 자기 회사가 지향하는 꿈과 목표에 동의하여, 그 실현에 전력투구한다. 그리하여 회사와 사원은 기쁨과 감동을 함께 나누는 인생의 동반자가 된다. 상사와 부하의 관계도 이와 같지 않고는 성공을 기대할 수 없다.

부하 직원의 입장에서 가장 불행한 일은 그 회사나 상사에 대한 기대나 꿈, 목표가 없다는 것이다. 당신 자신이 당신의 회사에 가장 매력을 느끼는 부분이 무엇인가를 생각해보면 바로 알 수 있을 것이다. 그것은 실현 가능성 높은 장래성이며, 그것에 의해 구축되는 자신의 원대한 비전이다.

부하 직원은 일에 대해 꿈도 야망도 없이 오로지 생계를 위해 직장을 다니는 상사를 동정할 뿐, 존경하거나 지도력을 기대하지 않는다. 상사가 높은 목표를 내세우고 그것을 향해 끊임없이 노력하는 자세를 보일 때 자연히 그 뒤를 따르는 부하 직원들도 정열을 불태우며 진취성을 보일 것이다.

어느 조직이든 상층부에 있는 사람은 모든 일을 장기적이고 대국적인 시각으로 관찰할 수 있는 능력을 가져야 한다. 또한 그 실현을 위해 구체적인 목표를 설정하고 달성하기 위한 수단과 방법의 검토, 결정, 지도 방법이 확립되어 있어야 한다. 다시 말해, 앞을 내다보고 확실히게 목표의 키포인트를 겨냥하는 추진력이 요구된다.

업계 최고라든지, 국내 판매 1위 따위만 중요한 것이 아니다.

무엇이든 좋다. 동부 지역 1위, 서울 지역 1위, 상반기 1위 등등 작더라도 그 나름대로의 목표를 세우는 것이 중요하다. 그렇게 굵직한 목표가 세워지고 실천하려는 의지를 불태울 때, '사무실 보안 1위', '사무실 청결 상태 1위', '고객 만족 1위' 같은 구체적인 목표를 가질 수 있게 될 것이다. 거기에 도전하는 마음가짐이 중요하며, 그 일을 달성했을 때의 뿌듯함은 그 어느 것에도 견줄 수 없을 만큼 긍지를 가져다줄 것이다.

누군가와 더불어서 감동을 서로 나눈다는 것, 다시 말해 서로 공감할 때, 사람과 사람과의 관계는 더 깊어질 수 있다. 이러한 감동적인 체험을 공유하기 전까지 부하 직원은 회사나 상사에게 '그저 따라가는' 존재에 불과한 경우가 많다. 기계가 주인의 동작 명령에 그저 따르는 것처럼 말이다.

직원들의 공통된 희망 사항에 주목하라

팀이나 부서 또는 회사의 목표가 명확하게 제시되어 있지 않으면 불평불만을 토로하는 부하 직원이 생기게 마련이다. 그럴 때, 상사는 어떠한 말이라도 일단 받아들일 줄 알아야 한다. 부하 직원이 무심코 내뱉는 말에도 진심이 담겨 있을 수 있으며, 털어놓는 속사정 안에 또 다른 무엇인가가 숨어 있을 수 있기 때문이다.

그렇다고 부하 직원의 말을 비판으로 받아들이거나 자기 식으로 해석하여 미워하거나 무시해서는 안 된다. 부하 직원의 비판이나 불평을 또 다른 '의견'으로 생각한다면 화를 내기보다는 진지하게 참고할 만한 점으로 받아들일 수 있을 것이다.

물론 불평불만이나 쓸데없는 소문이 들끓기 전에 목표를 확실하게 제시해야 한다. 그리고 서로의 마음을 터놓을 수 있는 자유스런 분위기 속에서 이야기를 나누고, 때로는 귀에 거슬리는 내용까지도 수용할 수 있는 체제를 마련해둘 필요가 있다. 그럼으로써 의식이 고취되고 '우리는 같은 목표를 달성하기 위해 모인 집단'이라는 사실을 자각하여 마음과 행동의 일치를 지향할 수 있기 때문이다.

그런데 상사가 주목해야 할 것은, 주위에 반대하는 부하 직원이 없는 상황이다. 물론 정말 상사가 모든 일을 완벽하게 잘해서 그럴 수도 있다. 하지만 설령 그렇더라도, 혹시 자신의 주위에 이래도 좋고 저래도 좋다는 '예스맨'만 있는 건 아닌지 주의깊게 둘러볼 필요가 있다.

부서나 회사의 운영에서, 부하 직원을 지배할 때와 부하 직원의 마음을 움직일 때와는 결과에서 하늘과 땅만큼의 차이가 발생한다. 지배에서는 아무런 힘도 생산되지 않는다. 지배에서는 자신이 갖고 있는 힘의 범위 안에서만 결과가 산출되기 때문이다.

직장 안에는 다양한 개성이 보여 있다. 다른 직원들과 조화를 잘 이루는 직원이 있는가 하면, 무슨 일에서나 불협화음을 내는 직원, 삐딱한 자세로 무슨 일이든 부정적으로 해석을 내리는 직원, 집단생활을 너무도 힘들어하는 직원, 모든 일을 적당히 해치우는 직원 등등…… 그야말로 십인십색이다.

하지만 사람들은 누구나 '희망 사항'을 갖고 있게 마련이다. 그 희망 사항이 충족될 때 인간은 긍정적인 사고를 하게 되고 자신의 미래에 대한 희망을 발견하게 된다.

따라서 부하의 힘과 능력을 배가시키려면 아래에 소개하는 '희망 사항'을 잘 읽고 숙지해야 할 것이다!

① 아무리 고독을 즐기는 것 같은 사람도 다른 사람과 더불어 즐거움을 나누고 싶은 욕구를 가지고 있다.

② 잘나가는 그룹에 소속되고 싶은 욕구가 있다.

③ 큰 변화에는 저항하지만 작은 변화는 늘 기대하며 사는 것이 인간이다.

④ 인간은 강한 사람, 인기 있는 사람, 많이 소유한 사람에게 접근하고 싶은 욕구를 가지고 있다.

⑤ 인간은 누구든 자신을 인정해주기를 바란다.

⑥ 인간은 자신이 도약할 수 있는 기회가 찾아와주기를 기대한다. 또한 그 기회를 부여해준 사람을 평생 잊지 못한다.

⑦ 인간은 단순히 돈을 위해서만이 아니라 인정받기 위해서 일한다. 따라서 자신을 인정해주는 사람에게는 신뢰와 호의를 품는다.

⑧ 인간은 무엇인가에 늘 열중하고 싶어 하며, 자신의 모든 능

력을 발휘해보고 싶어 한다.

⑨ 비즈니스맨은 항상 회사가 활기차 있기를 바란다.

⑩ 인간이란 마음의 평화를 유지하고 싶은 욕구가 있어, 무슨
일에든 자신 있게 행동하려고 한다.

더 나은 인생을 위한 생각 바꾸기

생각하는 것을 실천한다

당신은 왜 사는가? 무엇을 위하여, 즉 어떤 목표를 가지고 살아가고 있는가?

안타깝게도 많은 사람이 살아가는 목적조차 확실하게 인식하지 못하고 있다. 목표다운 목표 하나 제대로 갖추지 못한 채, 무슨 일이 일어나고 있는지 자신의 인생을 구경꾼처럼 바라만 보고 있다.

이것은 마치 프로야구의 관객들과 비슷하다. 야구장이라는 인생의 무대에서 시합하는 프로선수들은 1구 1타에 모든 신경을 집중하여 인생을 걸고 승리를 노린다. 승자들은 군중의 우레와 같은 환호성과 더불어 화려한 스포트라이트를 받으며, 이듬해의

계약금에 그 실적이 반영되어 꿈에 부푼 인생으로 한 걸음 다가 간다. 반면, 패자들은 아픈 상처를 안고 사람들의 질책이나 위로를 받으며, 다음 승리를 향해 자신을 다시 단련하고자 마음가짐을 새롭게 한다.

그런데 관람객은 어떤가. 그들은 늘 성공한 사람을 부러워하며 자신도 그렇게 되고 싶다는 망상에 사로잡혀보기도 한다. 그렇지만 '나는 그저 평범한 인간에 지나지 않아. 나 같은 사람에게 성공 따위가 가능할 리 없지' 하고 단정짓고는 성공을 향해 노력을 기울일 생각조차 하지 않는다.

이러한 방관자 타입의 인간을 파헤쳐보면 어떤 상황에서 패한다거나 상처 입는다거나 거부당하기를 몹시 두려워한다. 따라서 살면서 무엇인가와 진지하게 맞부딪치거나 관련되는 것을 좋아하지 않는다. 말하자면, 세월 가는 대로 흘러가면서 편안하게 살기만을 꿈꾸는 사람들인 셈이다.

그러나 인간은 인간만의 특질을 살리기 위해 생명을 부여받고 이 세상에 태어난 것임을 자각해야 한다. 동물은 본능과 감정대로만 행동하지만 인간은 이성적인 의지가 곁들여 있다. 무슨 일이든 긍정적인 면은 추구하고 부정적인 면은 배제하는 것이 곧 이성적 의지이다. 그러므로 스스로의 판단력을 통해 좋은 것은 선택하고 나쁜 일은 배제할 수 있다. 또한 이성적인 의지로 생각한 것을 행동으로 옮겨 실현해야 비로소 인간다운 인간이라고 할수 있다.

인간은 선천적으로 부여받은 능력으로 살아가는 것이 아니다. 온갖 경험을 통해 얻은 지혜에 이성적인 판단을 발휘하며 살아가는 것이고, 그 생각과 실천에 흔들림이 없을 때 비로소 인생은 충실한 것이 될 수 있으며, 비즈니스에서도 성공할 수 있다.

자신을 과대평가하라

그 누구도 부모나 시대를 선택해서 태어날 수는 없다. 이른바 이것이 피할 수 없는 숙명이라는 것이다.

그러나 자기 인생은 정해진 것이 아니다. 사람은 '의지'라는 것을 지녔기에 자신의 행동과 노력과 생각을 통해 자기 인생을 얼마든지 바꿀 수 있다. 생명이 죽음에 도달할 때까지 그것을 '움직이는 것'은 바로 자신이며 이것이 '운명'이다. 다시 말해, 자기 의사대로 개척해나갈 수 있는 것이 '운명'인 셈이다.

자신의 인생은 구경거리나 심심풀이로 존재하는 것이 아니다. 단 한 번뿐이기 때문에 최선을 다해 뛰어야 하는 것이다.

하지만 우리는 자기 능력을 쉽게 과소평가해버린다. 농부가 논밭을 갈고 광부가 광맥을 파들어가는 것처럼, 얼마나 열심히 자신 안에 있는 능력을 개발하느냐에 따라 인생의 역사는 달라지게 마련이다.

극단적으로 말하자면, 비즈니스가 성공과 실패를 결정짓는 것은 바로 자기 마음가짐을 어떻게 가지느냐에 달려 있다고 할 수 있다.

　세상에는 풍부한 지식과 교양을 갖추고 있음에도 인생을 좌우하는 가장 근본적 출발점인 '마음'에 눈을 돌리지 못하는 사람이 실로 많다. 이 '마음'만은 그 어떤 것으로도 살 수 없는데, 이 사실을 인식하고 자기 인생을 개척하기 위해 자기 능력 개발에 전력을 기울이는 사람은 극소수에 불과하다. 숙명적인 핸디캡을 극복하거나 역경 속에서 성공한 사람들은 이러한 마음 자세의 중요성을 재빨리 깨달아 운명을 개척해온 것이다.

　'마음'은 사람에 따라서는
　인생을 새롭게 여는 열쇠가 되기도 하고,
　인생을 마감하는 자물쇠가 되기도 한다.
　그것은 '마음'의 방향을 긍정적인 곳으로 돌리느냐
　부정적인 곳으로 돌리느냐에 의해 결정된다.

　다시 말해, 전자는 자기 마음을 컨트롤하여 '스스로 결심'할 수가 있고, 인생은 스스로의 행동에 의해서만 그 결과를 얻을 수 있음을 알고 있다. 그에 비해 후자는, 인생이란 숙명이나 환경 또는 우연의 사건들에 의해서 정해지는 것이라는 고정관념에서 벗어나지 못한 채, 주어진 숙명에 대해 아무런 의문도 품지 않는다.

　그러나 지금까지 자기 인생을 뒤돌아보면 누구나 납득이 갈 것이다. 사람이란 자신이 생각하고 선택한 행동의 결과로서 현재

★

의 자신이 존재할 뿐만 아니라 장래까지 결정짓는다는 것을⋯⋯.

자기 인생의 지배자는 자신이며, 인생에서 모든 행동의 결과
는 결국 자신에게로 돌아오게 되어 있다. 즉, 인생을 어떻게 살아
가는가는 모두 '자기 마음'이 결정하므로 '마음'이 바뀌면 인생도
달라진다는 것이다.

긍정적으로 생각하면 결과도 좋다

'마음의 자세'에서 가장 중요한 것은 '좋은 것을 생각한다'는
점이다. 좋은 생각을 함으로써 반드시 좋은 결과가 찾아오기 때
문이다.

이것은 다시 말해, 긍정적인 사고를 한다는 말이다. 솔직한 마
음으로 모든 것을 긍정적으로 받아들이고 감사하는 마음을 가지
는 것이다. 그것이 인생을 밝고 가치 있는 것으로 만드는 바람직
한 사고방식이다.

반면에 잘못된 사고방식은, '만약 내가 그때 어쨌더라면'이라
든가 '그때 조금만 더 지원이 됐더라면' 등등 과거의 일이나 돌이
킬 수 없는 것에만 집착하는 것이다. 그리고 무엇보다도 가장 나
쁜 것은 모든 일을 소극적이고 부정적으로 사고하는 것이다.

오직 한 번뿐인 자기 인생을 누가 소중히 여겨야 하겠는가. 자
기 스스로가 마음을 조절하여 긍정적으로 사고하지 않으면 즐거
움도 삶의 보람도 느끼지 못한 채, 소중한 인생을 허비해버리게

된다.

긍정적인 사고란 '마음의 원리'를 알고 이것을 좋은 방향으로 이끌도록 자기 마음을 컨트롤하는 것이다. 다시 말해, '마음의 자세'를 긍정적인 이미지로 향하게 하면 모든 일은 긍정적으로 진행되며, 부정적 사고로 향하면 부정적인 결과를 불러오게 된다는 말이다.

마음을 긍정적인 사고로 향하게 하는 이미지

자신감 / 결단력 / 유연성 / 폭넓은 시야 / 선택에 대한 책임감 / 소망 / 풍부한 경험 / 변화에 대한 욕구 / 구체화하는 사고 / 낙관주의 / 열중 / 희망 / 관용 / 관대함 / 건강 / 따뜻한 인간관계 / 기회 / 목표 연구 / 평정심 / 도전 등등

마음을 부정적 사고로 향하게 하는 이미지

현실 도피 / 무관심 / 무책임 / 무감동 / 편견 / 자기 중심적 사고 / 완고함 / 우유부단 / 의구심 / 의존심 / 공포 / 불안 / 강박관념 / 심리적 억제 / 비관 / 무목적 / 근심과 걱정 / 신경질 / 우연에 의존 / 지나친 타인의 시선 의식 / 모순된 행위 / 태만 / 낙담 / 타성 / 자포자기 등등

좋은 선배를 벤치마킹한다

머리로는 일상생활에서부터 긍정적인 발상을 습관화하는 것

이 중요하다는 사실을 충분히 이해하면서도 좀처럼 되지 않는다. 그럴 때 '좋은 선배'가 큰 도움이 된다.

우리가 무언가를 시작할 때 가장 중요한 것은 순수한 마음을 가지는 것이다. 새로운 것을 솔직하게 보는 눈과 귀를 가지고, 우선 선배의 행동이나 방법을 흉내 내는 것이다. 그럴 때, 어설픈 판단은 하지 말고 보고 배운 것을 그대로 실행하여 체득하는 것이 반드시 필요하다.

변명이나 자기 변호, 섣부른 비판 따위는 금물이다. 다시 말하지만, 우선 '순수한 심정으로 시작해보는 것'이다. 행동하고 몸으로 익힌 후에야 자신이 진정으로 무엇을 해야 하는가 스스로 예측할 수 있는 능력이 생기게 된다.

어떤 상황이나 환경에서도 보람을 발견하는 것이 중요하다. 삶의 보람이란 인간이 소유한 능력을 최대한으로 발휘하여 기본 목표를 실현하는 것이다. 인간의 능력이란 실전에 의해서 성장하며, 나아가서는 그 경험에서 나온 보편적인 원칙을 습관화하고 실천함으로써 비약한다.

어떤 일이 주어지더라도 창조의 기쁨과 보람을 발견해내는 발상이야말로 긍정적인 사고에서 비롯되는 것이다. 한 걸음 더 나아가서, '플러스 원'의 발상을 실천하고 습관화해보는 것이 좋다. 하루에 한 가지씩, 무엇이라도 좋다. 가까운 주변의 것에서부터, 아래 예와 같은 긍정적인 사고를 해보도록 하라.

① 상사나 동료 또는 거래처에서 지금까지 발견하지 못했던 좋은 면을 찾아보고, 거기서 본받아야 할 점은 무엇인가 연구해본다.
② 하루 동안의 행동을 반성해본다.
③ 생각없이 무심코 사용해왔던 물건들을 새로운 시각으로 눈여겨본다.
④ 신문기사를 읽으면서 생각한다.
⑤ 음식을 먹으면서도 발상을 전개해본다.

이런 것들이 긍정적인 사고의 원천이 되므로 이렇게 즐거운 연상게임은 없을 것이다.

된다고 생각하고 행동하면 반드시 실현된다

흔히 경험이 없어 못한다거나 실패를 두려워한 나머지 스스로 자신의 능력을 한정하는 사람이 많다. 그러나 우리가 가는 길이 모두 잘 포장된 아스팔트 고속도로일 수만은 없다. 도처에 예상치 못한 장애물이 놓여 있어 누구나 장애물 경기를 하는 심정으로 살아가기는 마찬가지다. 게다가 모두가 부러워하는 성공한 사람도 90퍼센트의 실패 위에서 10퍼센트의 성공을 거둔 것에 불과하다는 말도 있지 않은가.

실패는 결코 '패배'가 될 수 없다. 도전하는 마음, 호기심이 없이는 현재의 상황에서 한 걸음도 전진할 수 없다. 모르는 것을 알고자 하는 것이 전진을 위한 제1단계이다.

모르는 것이 많다는 것은 그만큼 가능성이 크다는 것이며 호기심 또한 왕성하다는 것이다. 모르는 것을 배우는 것, 어떤 일에 호기심을 가지고 연구하는 습관은 자신도 모르는 사이에 일에 대한 자신감을 갖게 한다.

예를 들어, 플러스 사고로 자신을 갖게 되면 그 일은 반드시 실현된다. 생각하지 않는 것, 상상하지 않는 것이 실현될 리 없기 때문이다. 지금 거래처를 몇 개나 더 늘리고 싶은가, 상품 판매량을 얼마로 잡고 있는가, 무엇을 목표로 하는가 등등 그 욕구가 강하면 강할수록 실현의 가능성도 커진다.

잘 풀리는 사람의 좋은 습관

초판 1쇄 인쇄 2021년 12월 11일
초판 1쇄 발행 2021년 12월 21일

지은이 | 이연우
펴낸이 | 김의수
펴낸곳 | 레몬북스(제396-2011-000158호)
주   소 | 경기도 고양시 일산서구 중앙로 1455 대우시티프라자 802호
전   화 | 070-8886-8767
팩   스 | (031) 955-1580
이메일 | kus7777@hanmail.net

ISBN 979-11-91107-19-7 (03320)